構成主義パラダイムと
学習環境デザイン

久保田 賢一 著

関西大学出版部

【本書は関西大学研究成果出版補助金規程による刊行】

はじめに

　いま、教育のありようが大きく変わろうとしている。初等、中等教育では、従来の教科の時間を削減して、「総合的な学習の時間」や「情報教育」が導入され、高等教育においても大学全入時代を控え、学生評価の導入やAO入試など、新しい教育の方向を模索している。

　このような教育における改革は、情報通信技術(ICT:Information Communication Technology)の導入とセットになっている。ネットワークやマルチメディア環境を整え、閉じた教室空間を外に開かれたものにしていこうとしているが、その試みが円滑におこなわれているわけではない。機械・設備だけを整えても、それを運営していく制度やシステムが整備されなければ、せっかくの施設も無駄なものになってしまう。加えて、それらを活用する教師や生徒の考え方や態度が変容していくことも大切である。

　教育現場のこのような変化以上に、現代社会において情報通信技術は急速に発展している。電子メールは日常的に使われるようになり、多くの学生たちはインターネットにアクセスし、生活の一部となりつつある。携帯電話は学生の必需品になり、車中や街角で若者が携帯電話に向かい、メール交換する姿ももう珍しいものではなくなった。しかし、情報通信技術の進歩は、必ずしも豊かな生活につながるわけではない。携帯電話で便利になったが、人々のつながりは閉じたものになり、かえって弱まっていくようにも見える。

　急激に変化するこのような社会状況や教育改革をどのようにとらえ、どのように対処していったらよいのであろうか。本書では、近代の枠組みを脱構築するために『構成主義』というパラダイムをとりあげ、これからの教育改革の方向を展望し、新しい学習環境を積極的に作り上げていくべきであると

主張する。さらに、本書は、私自身の大学におけるアクション・リサーチの活動として、学生とともに教育コンテンツを改善していくための学習環境デザインのプロセスでもある。

　新しい教育をデザインするとき、遠隔学習やネットワーク学習のテクノロジーだけに目を向けがちである。しかし、デザインの重要な要素はテクノロジーだけでなく、さまざまな学習資源を総体としてとらえ、学生たちが学びに取り組むための必要な学習環境を適切にデザインしていくことである。『構成主義パラダイム』という枠組みは、教育のあり方をその根本から見直していくためのものであり、新しい視座を提供できるのではないかと考えている。

目　　次

第 1 章　マルチメディア時代の学び……………………………………1
　　工業社会から情報社会へ／変わりにくい教育システム／情報社会の知識観／マルチメディア時代の学び

第 2 章　教育理論の哲学的前提…………………………………………13
　1．パラダイムの比較……………………………………………………15
　　パラダイム論の視点／客観主義の教育理論の概要／構成主義の教育理論
　2．パラダイムの折衷と学力論争………………………………………31
　　パラダイムの折衷とその問題点／パラダイム論からみたわが国の学力論争
　3．パラダイムの基本的前提……………………………………………40
　　哲学的前提／まとめ

第 3 章　構成主義の教育理論……………………………………………49
　1．構成主義とは…………………………………………………………49
　　パラダイムとしての構成主義／均衡化モデル／発達の最近接領域／問題解決的思考
　2．構成主義の視点………………………………………………………56
　　相対化された立場／多様な知性／内省的実践家(reflective practitioner)／分散された認知／学びの共同体／「意味づけ」のプロセス

3．構成主義の学習環境デザイン……………………………………64
テクノロジーと構成主義／構成主義にもとづく学習環境デザイン／構成主義学習環境のデザインと開発

第4章　質的研究の評価基準……………………………………………73
1．量的研究と質的研究の方法論……………………………………74
客観主義と構成主義のパラダイム／量的研究と質的研究の方法論
2．研究成果の評価基準………………………………………………80
投稿論文の条件／量的研究の評価基準／質的研究の基準／量的研究に対応した基準／研究者の意識に関する基準／倫理に関する基準／研究対象との関わりについての基準／多様な評価
3．教育工学における質的研究………………………………………94

第5章　インターネットを活用した学習環境デザイン………………97
1．事例：ゼミのインターネット活動………………………………98
ゼミにおけるインターネット利用／インターネットによる交流活動／4.6　メキシコ・モンテレー工科大学（1997年春学期）
2．インターネット活用のための学習環境デザイン……………119
3．これからのインターネット学習………………………………131

第6章　遠隔教育の学習環境デザイン………………………………133
1．遠隔教育の先行研究……………………………………………134
遠隔教育(distance education)の捉え方／遠隔教育に影響を与える

要因
　2．事例：大学院における遠隔教育……………………………140
　　　大学院教育システムの概要／遠隔教育システム／調査方法／春学期
　　　の遠隔教育／秋学期での調査／教員へのインタビュー
　3．遠隔教育のデザイン……………………………………156
　　　遠隔教育のリテラシー／教育方法／支援体制

第7章　リテラシー概念からとらえる『情報教育』………………163
　　　情報とは／リテラシーの三つの側面／落ちこぼれる教師／デジタル
　　　生活とアナログ生活／情報教育の多様な方向性

あとがき………………………………………………………175
参考文献………………………………………………………179
索引……………………………………………………………187
初出一覧………………………………………………………192

第1章　マルチメディア時代の学び

　未来学者アルビン・トフラーは、彼の著書「第三の波」で、歴史上の大きな社会変革を「波」というメタファーで表現した。農耕社会という第一の波が一万年前に押し寄せ、三百年前からは工業社会という第二の波が生まれた。現在はさらに情報社会という第三の波が押し寄せて、大きな変革期のまっただなかにあると描いている。さらに価値観や社会構造は社会により大きく異なり、第三の新しい波頭の向こうにあるものは予測し難いと述べている。

　確かに、この十年間を振り返ってみても未来予測の難しさは理解できる。これほどデジタル通信技術が発達し、携帯電話、パソコン、インターネットなどが普及するとは、十年前に誰が予測できただろうか。成熟した情報社会にむけて、社会はいま大きく変わろうとしている。それに伴い、私たちの生活様式も急激に変化している。社会の変化は新しいニーズを生み出し、社会に求められる人間も変わってくる。そして、このような社会変化、個人の欲求の変化に合わせて教育システムも大きく変わる必要がある。しかしながら、社会状況の大きな変化に比べ、日本の学校教育は偏差値と大学受験を軸にそれほどの変化がないようにも見える。第1章では、大きく変わる社会状況と教育の関わりを考察することで、情報社会におけるこれからの教育のあり方を模索していく。

工業社会から情報社会へ

　人類の歴史を振り返ると、狩猟社会から農耕社会、そして工業社会、情報社会へと社会が変革してきた。それぞれの社会にはその社会に合った価値観や生活様式がみられるが、社会変革に伴い、古い価値観は矛盾し、排除され、新しい社会では新しい価値観、生活様式を身につけなければならなくなる。

　農耕社会では、大家族のなかで助け合いながら農業生産をおこなってきた。家族全員で農作業をしたり、家事労働に従事した。農産物の生産も家庭内の労働も区別なくおこなわれ、家族全員がそれぞれの役割を果たした。

　工業社会に移ると家族は核家族が基本となった。夫は工場で生産労働に携わり、妻は家庭で育児と家事の再生産労働に従事し、子どもは少なめにする。このような核家族が工業社会の理想の家庭になった。工場やオフィスは階層的で、官僚的な色彩の強い組織になり、労働分担は仕事の効率を高めるため明確にされ、分業体制になった。このようなシステムでは、経済効率の高い能率的な生産工程を作ることができる。効率向上をめざしたシステムである工業社会では、その特徴として「共通の価値観とライフ・スタイル」、「官僚的権力構造」、「家庭生活と職業生活の分離」、「大量生産、大量消費」などをあげることができる。

　情報社会へ移行するにしたがい、このような工業社会の画一的な価値観が多様に変化し、家族形態も非核家族化してきた。離婚が増えたため片親だけの家族、結婚しない独身層、子どものいない夫婦などさまざまな家族形態が生まれた。そして、ライフ・スタイルも多様化した。社会

第1章　マルチメディア時代の学び

が科学技術の発達にともない急速に変化しているため、従来の官僚組織では規則的な仕事しかこなすことができず、対応しきれなくなってきた。そのため、状況に応じて素早く仕事を処理することができる、プロジェクト・チームのような組織が導入されるようになった。このチームの組織構造は、階層的でなく、緩いネットワークで結ばれている。そして労働形態も、フレックスタイムや在宅勤務などの導入によって多様化してきた。

　「第三の波」は1980年に出版された。その時トフラーは、その時代を第二の波と第三の波の両方に洗われている時代であると表現している。新しい社会への移行は、歴史的に見ると突然起きるようにみえるが、人間の一生では徐々に変化していくものである。その意味で現在においても両方の波頭が見えているといえるだろう。現代の人々は、二つの波にもまれ、時代の変化に追いつこうと必死に波間を泳いでいるが、どちらに向かって泳いでいるのかよくわからないでいる。たとえば、工業社会では多くの親たちは子どもたちに夢を託して生きてきた。自分たちよりも子どもの方が、より高い学歴を身につけさせることにより、成功していくと信じて疑わなかった。その結果、偏差値教育は強化され、塾に通う子どもたちも増え、受験競争が激しくなってきた。このような教育状況は今日まで続いている。一方、工業社会では画一的な枠組みで、人々は経済人として生きることを求められたが、現在では価値観が多様化し、人々は新しい生き方を模索するようになった。工業社会において「豊かさ」は収入の額で表され、経済発展のための利潤追求が社会原理として機能していた。ところが情報社会のなかでは、そのような考え方に疑問

が投げかけられ、「本当の豊かさ」とは何かが問題提起されるようになった。経済活動と直接関わりのないボランティア活動や非営利団体の活動が重要視されるようになり、多様な生き方が模索されるようになった。しかしながら、私たちには第三の波頭の向こうは、まだ予測がつきにくく、不確実のように見える。

変わりにくい教育システム

　このような社会の変化にともない社会や個人のニーズは変わってきたが、その変化に適切に対応しなければならない教育システムはまだ十分に整備されているとはいえない。

　現在の学校制度は、工業社会の発達に伴って発展してきた。そこには教育の効率重視の前提がある。より多くの人をより効率的に学ばせるためのシステムは、同じ年齢の多数の生徒を同じ教室にいれ、教師によって規定された知識を一方的に覚え込ます方式である。知識も内容別に教科として分類され、それぞれ専門の教師が分業化した労働として知識を教授する。生徒は、教師から伝達された知識をできるだけ多く記憶し、試験の時は出来るだけすばやく記憶した知識を取り出し、答案用紙に書き込む訓練がなされる。その知識を記憶する意味があるかないかは、テストに出るかどうかという基準で判断される。どれだけの知識を身につけることができたかを知るために、偏差値という一つの価値基準があり、テストの偏差値によって一列にランク付けされた大学のどこに入るかが決まる。どの大学に入って何を勉強したいかということ自体はあまり重要ではなく、自分の偏差値と比べて高いランク付けの大学に入学するこ

第1章 マルチメディア時代の学び

とが当面の目標となる。それは親の理想でもあり、良い大学に入ることは、良い会社に就職することにつながり、高収入の安定した職に就くことができるという夢を実現することと一致する。しかしながら、このような教育のシステムは工業社会においては有効に機能してきたが、価値観の多様化した情報社会の枠組みには合わないものになってきているのではないだろうか。

　大学入学のためだけに詰め込んだ知識は、受験が終わるとあまり役に立たないものになってしまう。つまり、受験という状況でのみ意味を持つ知識は、より高い偏差値を獲得することで、よりよい（といわれている）大学へ入学するという価値しかもたない。このような知識に与えられた価値は大学に入ってもそれほど変わらない。なぜなら、大学教育も基本的なシステムは何十年もの間ほとんど変わっていないからだ。大教室の固定された机の配置を見れば明らかなように、多人数の学生に対し効率的に知識を伝授するようにできている。専門家である大学教員が知識のない学生に対し、ちょうど水が高いところから低い方向へ流れるように、知識も教員の頭から学生の頭のなかへ一方向に流れる仕組みを作っている。もちろん、偏差値の呪縛から逃れた学生の頭へ素直に入るかどうかは、また別の話ではあるが。

　このように教育システムが、急速に変わりつつある情報社会についていけないのは、現在の教育システムを支える暗黙の前提があるからだ。それは「知識は客観的に把握できるもので、そのような知識の実体を捉え、分析し構造化することで、効率的な教授法を見つけることができる」という前提である。このような前提に立つと、知識は実際に使われてい

る状況からパッケージとして引き離され、バラバラにされる。そしてより効率的に教え込もうとすることに力が注がれる。

　パッケージとして閉じこめられた知識は、現実の状況から引き離されているため、テストのための知識としてしか意味を持たなくなってしまう。「教室で英語を一生懸命勉強しても外国人とコミュニケーションをとり合うことができない」、「経済の勉強が自分の生活にどのように結びついているかわからない」、「世界史を勉強しても、韓国人留学生と日韓の歴史について語り合うことができない」のはなぜなのだろうか。それは知識がちょうど「パックに入った魚の切り身」のように状況から切り離されているからだ。四角く切られた魚の切り身から、大海原のなかで泳ぎ回る生き生きとした「生身の魚」を思い起こすことができないように、学生たちは教室でこのように教えられる知識を実践のなかでどのように活用していくか想像することができないのである。実際に使う状況から切り放された知識は死んだ魚の肉の塊と同じになってしまう。

情報社会の知識観
　工業社会の工場やオフィスでは、反復化、分業化、能率化が着実に進行し労働生産性を上げてきた。そのためには、従順で時間を厳守し、単純作業を喜んでやる労働者を必要とした。このような労働者を育てるためには、パッケージ化された知識を何の疑いもなく学んでいく従順な学生を育成することである。ところが、情報社会のなかでは、労働の反復性は少なくなり、分業化の傾向は弱まってくる。アルビン・トフラーによると、情報社会が必要とする人材は責任感が強く、自分の仕事と他の

第1章 マルチメディア時代の学び

作業者の仕事との関連を理解し、広範な仕事をこなし、労働環境の変化に直ぐ対応でき、周囲の人間ときめ細かに調和がとれる人である。それぞれの社会で必要とされる人材の違いは、ちょうど譜面通りに演奏することのできるクラシック音楽家とグループで即興的に反応してすばやく自分の音を決め演奏するジャムセッションのジャズ演奏家との違いにたとえることができる。

　情報社会の新しい状況に対応するためには、工業社会で考えられていたような「状況から切り離されたパッケージ化された知識」では役立たなくなった。情報社会に合った知識とは、実践のなかで柔軟に活用できる知識である。学習とはわたしたちの置かれている状況のなかで、人が状況と相互作用をもちながら、問題を見つけ、その問題を解決するために互いに協力しあうことで実践に結びつけていくプロセスそのものである。すなわち、実践に役立つ「知恵」を身につけることである。

　それは、自分の頭に蓄えられた知識をもとに、与えられた問題をすばやく解くことではない。自分の生き方を通して、今とりかからなければならない問題は何かじっくりと考え、問題を提起することである。そして、まわりの人たちとかかわり合いながら、互いに教えあい、学びあい、自分たちの問題を解決するために、知恵を出し合うプロセスそのものである。このような知恵は、教室のなかでじっと座って教員の話す内容を一字一句記憶することでは身につかない。「学び」の道筋はきわめて多種多様であり、状況に合わせたさまざまな試みが必要である。その意味で、「学ぶ」という行為は状況に埋め込まれた活動とみなすことができる。そのプロセスでは、「教えられたことを丸暗記」することよりも、

学生自身が「自律的に学ぶ」能力が求められる。

　ところが、大学という枠組みでは、現実におきている状況と切り離された教室で、教員はあいかわらず自分の専門知識を一方的に話し続け、学生はテストの点を少しでも良いものにしようと教科書の知識を詰め込むことに勢力を注いでいる。

マルチメディア時代の学び
　デジタル通信技術やコンピュータの急速な発達は、これまで夢だと思われていたさまざまなコミュニケーションを可能にしてきた。マルチメディアをネットワーク上で日常的に活用できるようになる時代は遠くない。このような新しい技術を教育システムに導入することにより、教室の枠を超えた生き生きとした学習が可能となる。私自身も、テクノロジーを教育のなかに取り入れることにより、これまで出来なかった新しい学びを体験しようと、いろいろな試みをおこなっている。

　たとえば、インターネットの活用は、教室という小さな場所を飛び越えて、世界の人たちと新しいコミュニケーションができる可能性を用意してくれる。ハワイ大学の学生とインターネットを使った電子メールの交換は、生きた英語の勉強に役立つだけでなく、異文化の人たちとのコミュニケーションを考えるきっかけを作ってくれた。また、ビデオ会議でのコミュニケーションでは、実際に電子メールを交換した相手と顔をみて交流することができ、コンピュータ・ネットワークの有効性が実感できた。その後、学生はハワイに出かけメール・パートナーと会い、夏休みを楽しく過ごしたようだ。

第1章　マルチメディア時代の学び

　ワールド・ワイド・ウェッブによるホーム・ページの作成もインターネット上の情報発信の手段として積極的に活用できる方法である。インターネットにアクセスできれば世界中のどのコンピュータからでも、ウェッブ・サーバーに納められたページを見ることができる。写真やグラフィックを貼り付けたカラフルなホーム・ページを地球の裏側の友人が見てくれていると想像するだけでわくわくしてくる。実際、学生たちは海外から日本へ勉強にきたアジア、アフリカ、ラテンアメリカの人たちと交流をもったときの様子をホームページに記載した。彼らは自分の国に帰ったあともこれらのページにアクセスし、学生たちと電子メールの交換をしている。

　教員から学生への一方向のコミュニケーションになりがちな授業も、電子会議室の活用で学生同士の横のつながりを作ることができる。いくつかのテーマにそって学生が電子会議室上で意見を述べあうことで、教員の話を聞くだけで終わっていたこれまでの授業にはない新しい発見が生まれてくる。電子会議室を開ければ、クラスメートたちがどのようなことを考えているのか、どのような意見をもっているのか、授業に参加しているだけではわからなかったほかの学生の意見を知ることができる。

　学生たちが主体となって、ビデオやマルチメディアの教材制作に取り組んだ活動も、学生たちが互いに協力してものを作り上げる喜びを味合わせるものとなった。参加した学生たちのコンピュータやビデオの習熟度が違っても、学生同士互いに教えあい、学びあう関係ができ、ビデオやマルチメディアの教材を作った。そして、実際に自分たちの作った教材は他の学生たちに利用され、その反応を即座にうけとり、改善につな

げていく。このような教材づくりなどの活動を通して、「学びの共同体」を作り上げていく。

　このような活動からわかる重要な点は、ネットワークやコンピュータを活用すること自体が目的なのではなく、あくまでも道具として利用するということである。「学び」の基本は人と人とのコミュニケーションにある。その方法としてディベートや討論、話し合い、発表を中心とした参加型の学習を活用する。学生自身が問題を設定し、調査をし、話し合いを始める。そうすることで、いま学ぼうとする知識が世界とどのように結びついているか少しずつ見えてくる。その際、学生たちが主体的に参加していける「学び」をどう作り上げていくかが重要になる。この時教員の役割は、知識をかみ砕いて教授（instruct）するインストラクターではなく、学生たちが集まれる「場」を設定し、学生自身の自律的な活動を支援（facilitate）するためのファシリテーターにならなくてはいけない。

　まだ、私自身いろいろな試みを模索中であるが、学生自身が「問題提起する力」、「必要な情報を探し出す力」、それを「コミュニケートしていく力」、「世界を変えていこうとする力」を伸ばせるように、そのプロセスをどのように支援していくべきか考えている。情報社会で求められる人材は「自分で考えられる」ことのできる人間であり、自らの「学び方を学ぶ」ことのできる人間である。一方的に知識を伝達する時代は終わった。「参加」することを通して学生たちが集まり、相互に教え合い、学びあう環境を生み出す「マルチメディア時代の新しい学び」がいま求められるようになった。

第1章 マルチメディア時代の学び

　そこで、本書では「新しい学び」に対する基本的な考え方と、その考えを実現するための学習環境デザインについて理解を深めていく。第2章では、本章の考え方をさらに深め、パラダイム論の視点から、客観主義と構成主義を比較し、「新しい学び」を浮き彫りにしていく。第3章では、マルチメディア時代のパラダイムとしての「構成主義」を教育実践へ応用していくためのいくつかの理論を紹介し、学習環境をデザインするための指針を提示する。第4章では、構成主義の教育実践を研究・評価していく研究方法論としての質的研究の重要性について説明し、研究成果をより良いものにするためのガイドラインを示す。第5章では、インターネットを利用して、電子メールやテレビ会議の利用実践から、インターネットを使った学習環境を構築する際の指針を提示する。第6章では、テレビ会議を利用した遠隔授業の実践を紹介し、遠隔授業の学習環境をデザインする指針を提示する。第7章では、コンピュータをはじめ、さまざまなメディアを活用していく際に求められる能力、メディアリテラシーを養成するための教育のあり方について、単に操作能力が上達することを目指すのではなく、自分で考えて、判断できる教育を進める必要性を説く。

第 2 章　教育理論の哲学的前提

　デジタル技術の発展がコンピュータ技術、電気通信技術の開発を促してきた。このような技術は、ハイパーテキスト、マルチメディアなどの新しいメディアとして提供され、これらは教育分野においても従来のメディアでは実現しにくかった特徴を備えたメディアとして注目を集めるようになってきた。
　一方、学校教育のカリキュラムも複雑に発展する社会状況に対応しようと、「多様化」、「国際化」「情報化」などのキーワードを軸に新しい教育スタイルを模索するようになってきた。
　しかし、このような教育をめぐる社会やテクノロジーの状況が変化しているにも関わらず、これまでの教育理論はスキナーに代表される行動主義心理学の知見をもとに構築されたものが主流となっていた。教師による教育内容、方法の構造化に重点が置かれ、学習の流れも「刺激と反応」を組み合わせ、事前に教授内容が細分化され、提示される一方的な教授方法が使われた。典型的な例として、ティーチングマシンがあげられるが、CAIと呼ばれるその後に続くコンピュータ支援の学習もティーチングマシンとその本質は変わることのない教授法を使っている。
　しかし、最近では学習者が実際の学習を行う前に、学習内容を構造化する従来のやり方は、多様な特徴を持つ学習者に柔軟に対応できないし、

実際の学習過程を反映していないという批判が上がっている。このような状況で、従来の教育理論とは違った特徴を持つ新しい理論、たとえば認知的徒弟制学習(Collins *et al.*, 1989)、協同学習(Bayer, 1990)、自己内省学習(Schon, 1987)、認知的柔軟性理論(Cognitive flexibility theory) (Spiro *et al.*, 1991)などの教育理論が提出されるようになってきた。

　このような一群の教育理論は従来の理論と基本的な考えを異にしており、一般に「構成主義の理論」と呼ばれている。また、行動主義心理学や認知心理学における情報処理アプローチをもとにした従来の教育理論を「客観主義の理論」と呼び、「構成主義の理論」と区別されている。「客観主義の理論」は、教授に重点が置かれ、事前に教師によって生徒のレベルにあった目標が決められ、教授内容を分析、構造化し、教師から生徒への知識・技能の伝達を効率的に行うことに関心が払われる。一方、「構成主義の理論」では、学習に重点が置かれ、学習者をとりまく社会的な状況、実際の日常生活に関連する意欲、他者との相互作用などの実体験を通して学習することに関心が払われる。与えられた知識を吸収することよりも、学習者自らが問題を見つけ、解決方法を探ることのできる力、メタ認知能力を養うことに重点が置かれている。つまり、コンピュータネットワークを利用し、情報に自由にアクセスできる学習環境の中では、たくさんの知識を持っていることよりも、ほしい情報を必要に応じて検索できる能力の方が、問題解決の方策としてより重要になってきたといえるわけだ。

　教育をとりまくこのような状況の変化のもとで、客観主義と構成主義

第2章 教育理論の哲学的前提

の論議が交わされるようになってきた(菅井, 1993; Duffy & Jonassen, 1992)。客観主義から構成主義への教育理論の転換は、単に教育の重点が「振り子」が振れるように教授から学習に移ったという捉え方ではなく、より大きな流れ、つまり、心理学、教育学を含む社会科学一般のパラダイムが大きく転換している枠組みの中での動きのひとつとしてとらえることが必要である。

第2章では、いくつかのパラダイム論の考え方を紹介し、それらの視点に基づいて客観主義と構成主義の教育理論の枠組みを概観し、相違点を明らかにする。さらに、客観主義と構成主義の方法を折衷した新しい試みの有効性について分析を加えるとともに、わが国の学力をめぐる論争についてパラダイムの視点から考察する。最後に、今後の教育理論の進むべき方法について提案をする。

1. パラダイムの比較

パラダイム論の視点

自然科学におけるパラダイムについて論じているクーン(Kuhn, 1962)は、パラダイムを、「選択・評価・批判を可能にする、お互いに絡み合った理論的・方法論的信念の暗黙的な一群の前提」であると述べ、この一群の前提は同一のパラダイムに属する研究者からは当然の事として暗黙的に受け入れられていると説明している。つまり、パラダイムを研究者の所属しているグループの文化と見なし、その文化は暗黙的にグループ内で受け入れられている。それは、研究者が世界からどのような問題点を見つけ、どのような方法で研究をおこない、解決方法を見つけだすか

といった、世界を把握するための研究全体の枠組みを暗黙的に与えるものである。研究者の集まりである共同体に参加するためには一定のルールを学ばなければならないうえ、そのルール自体に疑問を持ってはいけない。つまり、ルール自体は全く疑問にもならないわけである。一定のルールに従い、枠組み内の問題点や疑問点を議論の対象とするが、枠組み自体は問題にならない。それは当然のこととして受け入れられるからである。ちょうど日本人が家に入るときに靴を脱ぐ行動を何の疑問も持たずにおこなってきたのと同様に、パラダイムは研究者が属するコミュニティでどのように自然に振る舞うか、を暗黙のうちに規定しているわけである。

　同一パラダイム内では科学は累積的に進歩するが、一つのパラダイムから別のパラダイムに移行する場合は非連続的、革命的な変化をするため、クーンは累積的増加という概念を否認している。それは、パラダイムの前提となる暗黙的な枠組みが大きく変わるため、従来のように蓄積的な形で理論を形成することが難しくなるからである。

　バレルとモーガン（Burrell & Morgan, 1979）はパラダイムの概念を社会科学の組織理論にあてはめ、社会科学における四つのパラダイムについて説明している。社会科学では、世界を認識する仕方が、客観的か、主観的かという基本的な前提の違いと、社会の変化が革命的、急激に変化するという前提に立つか、徐々に変わっていくという前提に立つかで、四つのパラダイムに分けられる。つまり、世界認識の方法と社会変化の速度という二つの次元により、図2-1に示すような四つのパラダイムに分けられる。四つのパラダイムにおける暗黙的な前提はそれぞれ

第2章 教育理論の哲学的前提

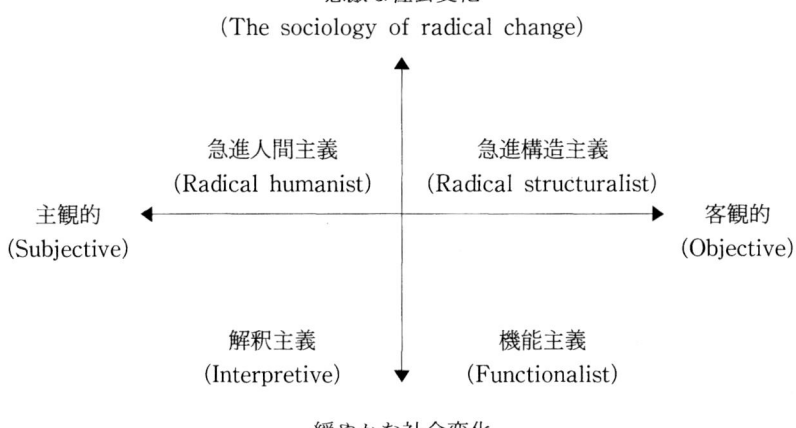

図2-1 社会科学理論の4つのパラダイム
(Burrell & Morgan, 1979)

対立しあい、それぞれの前提にもとづいた社会理論はお互いに違う方向に向かっていると説明している。

　クーンによれば、複数のパラダイムはお互いに極めて多くの点で異なり、互いに相いれない考えを持っているため、自然科学のパラダイムは同時代には共存しえないと述べている。しかし、バレルとモーガンは社会科学のパラダイムでは自然科学のパラダイムと違い、互いに相いれないが同時代に複数存在し、互いに競合している点を強調している。それぞれのパラダイムには「当たり前」と思われる前提が存在し、この基本的な違いが世界を理解する上で違う「現実」を作り上げることになる。バレルとモーガンは、これまで機能主義（本書における客観主義のパラダイムがこれに当たる）が社会科学において主流のパラダイムとして世界を理

解する枠組みを提供してきたが、同時代に他の競合するパラダイムも存在すると主張している。組織理論においては、機能主義は次第に主流のパラダイムとしての地位を譲りつつあると説明している。

シュワルツとオギルビー(Schwartz & Ogilvy, 1979)は物理学、化学、生態学、進化論、数学、哲学、政治学など多岐にわたる学問領域に起こっているパラダイムの転換について論じている。この転換の中でシュワルツとオギルビーは、表2-1に示すように主流とこれからのパラダイムの七つの特徴を対比している。主流のパラダイムでは、世界の現象はいくつかの変数を組み合わせることにより説明可能であると考えられている。世界は階層構造のもとに成り立っており、キーとなる変数をいくつか見つけだせば、未来の出来事について予測可能であるという視点に立っている。つまり、ひとつの根本法則を発見すれば、世界の現象はほとんど説明できるのではないかと思われている。世界はゼンマイ仕掛けの機械であり、学問の役割はその機械を動かす基本構造をしらべることにある。学問はこの世界の構造を説明するためのもので、思想やイデオロギーから中立で客観的であるという視点に立っている。しかし、2、3の変数のみを調べ、そのほかの要因を一定に保つと仮定して、作り出される法則で現実を説明しようとすることに無理があるのではないかと思われるようになってきた。これまでの単純な世界観から現実世界は想像以上に広がりを持ち、複雑で、弁償法的に相互作用を行っているのではないかという考えに変わりつつある。つまり、現実を形作っているシステムはより複雑であり、単純に部分を組み合わせたものであるという見方はできなくなってきている。現実は、部分がいくつか組合わさった

というよりも、ホログラフィーのように全体がひとつのパターンとして認識されなければならないのではないかと思われるようになってきた。このような世界観のもとでは未来の予測も不確実なものになる。

シュワルツとオギルビーは、このような基本的な考え方の変化が、学問領域を越えてパラダイムの転換として現在、静かではあるが徐々に起こりつつあると主張している。

表2-1　Schwarts *et al.* (1979)のパラダイム転換モデル

主流のパラダイム	新しいパラダイム
簡潔(Simple)	複雑(Complex)
階層的(Hierarchy)	異種的(Heterachy)
機械論的(Mechanical)	全体論的(Holographic)
決定論的(Determinate)	不確実的(Indeterminate)
因果関係(Linearly causal)	相互依存関係(Mutually causal)
組み立て的(Assembly)	形態発生的(Morphogenesis)
客観論(Objective)	遠景的(Perspective)

以上、クーン（Khun）、バーレルとモーガン（Burrell & Morgan）、シュワルツとオギルビー（Schwartz & Ogilvy）のパラダイム論を概説したが、次にこれらの論点から共通したものをまとめ、教育理論のパラダイム論の中の位置づけをいくつか加えてまとめてみる。

(1) 世界を理解するには、理解の方法を提供する枠組みが必要である。言い換えると、枠組みを持たないで、世界を理解することはあり得ない。この枠組みをパラダイムと呼び、この枠組みを越えた客観的な知識というものは存在しない。つまり、知識はパラダイムの枠の中でのみ意味を持つものとなる。

(2) パラダイムの土台となるいくつかの暗黙の前提が存在し、この前提はそれぞれのパラダイムにおいて互いに対立することがある。

(3) この暗黙の前提は、証明したり、実証したりすることはできない。数学を例に出すと、ユークリッド幾何学と非ユークリッド幾何学との関係に似ている。平行線は交わらないとするユークリッド幾何学にたいし、非ユークリッド幾何学では平行線は交わるという前提にたっている。これを証明するにはほかのいくつかの公理を利用して証明しなければならず、公理自体を証明することは不可能であるのと同じである。

(4) パラダイムの基礎となる基本的前提を証明することはできないので、あるパラダイムがほかのパラダイムよりも、先見的に優れているという説明は無意味である。

(5) 個別の学問領域を越え、科学の大きな流れとしてパラダイムの転換が起こりつつある。教育理論もこの大きな「パラダイム転換」の流れの部分としてとらえることができる。

(6) 教育理論におけるパラダイムも社会学と同様、いくつかのパラダイムが同時代に並存し教育のあり方についても複数の枠組みを提供していると見られる。これらの競合しているパラダイムは常にその時代の出来事と密接に関わりながら、時代に依存した形で変化をとげている。

このようなパラダイム論の考え方は、学問の様々な領域に新しい視点を提供する事ができる。たとえば、最近、教育理論のパラダイムの転換について、活発な議論が交わされるようになってきた(Jonassen,

1991b; Duffy & Jonassen, 1992)が、パラダイム論の視点は、客観主義と構成主義の教育理論の暗黙の前提を洗い出し、どのような点が違うのか説明することができる。次節では、客観主義の構成主義の理論を概略し、違いを明らかにしていく。

客観主義の教育理論の概要

　これまでの教育理論は主に客観主義的な前提に立っていた。客観主義的な前提とは、知識を客観的に把握できる実体として捉え、知識のおかれている状況から知識を分離したなかで分析を加えることで構造を解明することが出来るという信念である。つまり、知識構造を解明し法則化することにより効果的な学習方法を見つけだすことができるわけである。この様に作りだされた学習方法はどのような教育状況にもあてはめることができ、高い教育効果を生むと信じられていた。

　教育理論の目的はこれまでのベテランの教師の職人芸であったものを、誰でもが利用できる技術・方法として使えるようになるための手だてを提供するものであった。そのためにはベテラン教師の技術を細かく分析し、「どのような状況の下でどのような技術をどのように利用するか」調べ、より効果的な教授・学習を達成するために、教授過程を法則化することにあった。いわゆる「科学的な方法」を用いることにより、複雑な教育のプロセスをいくつかの部分に分け、それぞれの部分を分析する手法により、誰でもが利用できる道具として活用しようとするものである。誰でもが利用できるためには、同じ状況下で行われた教育方法は、同一の結果をいつももたらさなければならない。学習効果を定量化する

ことにより、同一の結果を科学的な方法で測定することができ、教育法則の普遍性を追求していくわけだ。

科学的な方法でえられた知見は、工学的手法であるシステムズ・アプローチにより、教育現場で応用することができる。システムズ・アプローチの過程は次のように行われる(Hall, 1962)。

(1) 明確な目標を立てる。
(2) 目標を達成するためのいくつかの方法を選択する。
(3) それぞれの方法を使った場合の必要な費用と資源の関係を見積もる。
(4) 目標、手法、手段、環境、資源などの相互関係を示したモデルを作る。
(5) 目標を達成するための基準を作る。

客観主義のアプローチは、ちょうど科学者が物理の法則を扱うように、教師が法則に従って操作可能な変数をコントロールし、教育状況を最適化することにより目的を達成しようとするものである。それは、生物学や生理学の知識を医療の分野に当てはめ、患者の病気の原因を探り、診断し、処方箋を書いたり、適切な処置をする医者と同じような役割を教師にあてはめるものである。

あるいは、化学や生物学の知識を作物育成のために利用し、肥料や光量、水量、土質などのインプット変数を操作することにより生産量を上げようと試みる農業試験場の研究員の役割を、教師は担うことになる。ある種子（学習者）をある土壌（教育環境）に蒔き、肥料、農薬、水（教育資源）をどのように施せば、農作物の生産性（学習効果）をどのく

らい上げることができるか研究するわけである。農業研究においては推測統計学を駆使して、収穫高に影響を与える様々な要因を見つけだし、少ない労力や資源で生産性・効率性をあげるための「最適化」の道筋を求めることが目的だ。教育実践においても、農業研究と同様、どのような変数が教育効果に影響を与えるかを探り、法則としての規則性を発見することが教育研究者の目的である。

　このパラダイムの典型的な理論は、1960年代に全盛を誇った、スキナーを中心とした行動主義心理学である。スキナーは「刺激と反応」といった外部から観測可能な事象を研究対象とした。観測可能な変数のみを対象とすることにより心理学も物理学などの自然科学と同等の地位を確保することが出来ると信じた。また、ハトやマウスなどの動物実験をすることにより動物の学習理論を人間にまで敷衍していった。スキナーの強化理論は心理学の基礎理論が、直接教育活動に応用された最初のものである。スキナーにより開発されたプログラム学習は教育内容を分析し、それを小さなステップに分け、問題と解答を指し示すことにより自学自習をして学習を進めて行くものである。学習の進度は学習者がコントロールしながら自分のペースで進んでいけるという利点はあるが、学習の内容は開発者により細かくシステマチックに構成され、学習者は与えられた順番通りに問題をこなしていくことにより効果的に学習をすることが出来るといわれた。このような学習方法は、ブルーム等によりマスタリー学習として米国において広く教育プロジェクトに利用された（Bloom, 1976）。

　学習を刺激と反応によるものとして捉えたスキナーの理論をさらに推

し進めたガニエ（Gagne, 1985）は、言語情報、知的スキル、モータースキル、態度、認知ストラテジーの五種類の学習形態を提唱した。彼は、刺激・反応の図式で表すことの出来ない複雑な学習をするためには、システムズアプローチを利用した新しい教授方法を活用すべきであることを主張した。さらにガニエは、認知心理学における情報処理アプローチを教授方法にあてはめ、低レベルの学習から高レベルの学習につながる知識の階層構造を見つけだし、その最も下の段から学習を進め次第に高度な内容を学習していく効率的な教授方法を理論化した。

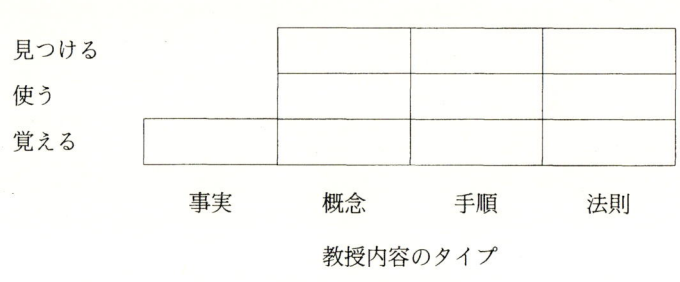

図2-2　行動―教育内容対照表（Merrill, 1983）

　メリル（Merrill, 1983）の要素提示理論（Component Display Theory）は、図2-2に示すように目標を10の枠に分類している。この10の枠のどの部分に教授目標が当てはまるかを確認をすることができれば、アルゴリズムにそって教授計画を立てることができる。アルゴリズムは、どのように教授法・評価を適切におこなうべきか指示を与え、それにそって教授活動ができあがる仕組みになっている（Merrill, 1983）。このように客観主義の教育理論は明確な目標を設定することにより、誰がお

こなっても同様の教育効果を期待することができ、適切な評価を下せることを目指している。

　主流であったこのような教育理論にたいして、ブリッグス（Briggs, 1982）は、限られた状況での知見を一般化していると批判し、次のような状況の下でしか客観主義の理論は有効に働かないと主張した。

(1) 学習が起こる以前に教授方法、メディア、教材などが決められるとき
(2) 教師が意欲的に教えたいと考えているとき
(3) 教育活動についての評価がおこなわれ、教授法の問題点を改善していくことが教育システムに組み込まれているとき
(4) 目標が、知識や技能の量として計測したり、観察可能であるとき

　ブリッグスの提示したこれらの条件を理想的に満たす場所は現在の学校であろう。客観主義の理論は現在の学校をモデルにすることにより出来上がっている。客観主義の前提に従えば、学習者はもともと受動的であり、あまり有能でないとみなされるから、意欲的で、準備をきちんとする教師が必要となる。効果的に知識を身に付けるためには、まず教える人がいなくてはならない。つまり、教師（あるいは人間の教師に代わるもの、たとえばCAI、ティーチングマシン）がいてはじめて学べるのである。教師の仕事は「知識を伝達する」ことであり、伝達した知識量を測定することである。

　このように客観主義の理論は現在の学校をモデルとして構築され、学

校は客観主義の理論を正当化してきた（稲垣&波多野、1989）。この理論を当てはめるには、学校のような半強制された学習状況が必要であり、教師は生徒にわかりやすく、知識を小さくかみ砕いて説明をする。生徒はおとなしく、教師の言葉に耳を傾け、与えられた知識を吸収しようとする(Carroll, 1990)。知識の生産者としての教師と消費者としての生徒の分業関係が成り立ち、この分業関係を効果的、効率的におこなうために、システムズアプローチの手法が取り入れられたわけである。このシステムにおける価値は「効果・効率」であり、少ない教育投資で最大の学習効果を果たす「最適化」の考えが取り入れられた。「最適化」の考えでは、目標さえ明確になれば、効果的・効率的に教育がおこなわれると思われているが、どのような教育をすることが教育的であるかという議論はこの考え方に含まれていない。つまりシステムズアプローチは、目標を定量化し、評価結果を定量化することにより、効果を測定できるという方法を提示するだけである。その意味で、客観主義の教育理論は何がよい教育内容であるといった価値判断に触れない。また、定量化しにくい情緒的・社会的・メタ認知領域などの教授内容は避ける傾向にある。

　このように客観主義パラダイムは、客観的な真実（法則）を見つけだし、誰でもが利用できるようにすることを目指すため理論の中立性を主張するが、価値観、意欲、思い入れ、好き嫌いといった主観的な領域を考慮しない傾向にある。客観主義の研究者は世界を「中立的に」観察することにより「客観的な知識」を見つけ出せると主張するが、パラダイム論の考え方によると、何をどのように観察するかは研究者の属するパ

ラダイムにより暗黙に規定されている。つまり、研究者はパラダイムの枠の中の概念や理論を当然のこととして無自覚に利用しているため、客観主義のいう「中立的な」観察というものは存在しないことになる。客観主義の「暗黙の前提」を明らかにすることにより、研究者はどのように世界を観察し、どのような解釈を現実に付与するかといった価値判断の基準が見えてくる。

構成主義の教育理論

　客観主義の教育理論を形作っている基本的枠組みは、「知識は客観的に把握することが出来る」という信念に基づいている。科学的に把握された知識はどの様な状況においても基本的に適用可能であり、法則化できるという信念につながっていく。このような客観主義の教育理論にたいし、構成主義的な立場をとる教育理論は客観的な知識の構造よりも学習者の理解の仕方に焦点を当てている。グッドマン（Goodman, 1984）は構成主義を「理解の哲学」と呼び、世界を理解することは人間の認知的活動が起こる以前にはありえないと主張している。学習とは、人がその心のなかで世界を作り出す過程にほかならず、その意味でわれわれの住んでいる世界は、われわれの心によって作り出されたものである。その点で、客観主義の方法論は、知識を人の認知活動と離した客観的なものとみなし、一定の規則によって作られるシンボルとして扱っているため、構成主義の方法論と真っ向から対立している。構成主義の立場において、知識は人間の個人的な体験、属する文化等と切り離すことは出来ないため、各人それぞれ、世界を違った形で理解すると考えられている

(Johnson, 1987)。したがって構成主義の教育理論では、教授すべき知識がどのような構造を持っているかということに焦点を当てることはあまり意味を持たなくなる。そのかわり、学習者がどのように主体的に意欲を持って学習活動に関わっていくかというところに焦点が当てられる。

構成主義の教育理論では、知識や学習に対して次の3つの視点からとらえていることが分かる（Resnick, 1989）。

(1) 学習とは学習者自身が知識を構築していく過程である。

学習は知識を受動的に記憶することではなく、どのように情報を解釈するかという事によって起こる。客観主義の教育論は知識をいかに効果的に学習者に移転するかに焦点が当てられたが、構成主義では、個々の学習者が主体的に学習活動に参加し、学習過程を自分自身で点検しながら、知識を構築していく過程と捉えている。教育活動はこの知識の構築過程に対して刺激的でかつ魅力的なものでなければならない。

(2) 知識は状況に依存している。

客観主義では知識やスキルは細分化され、一つ一つ学習しやすいサイズにまとめられる。これは学校教育の一般的な教授方法であるが、この方法では実際に知識がおかれている状況からばらばらに切り離され、現実に利用されている状況と教えられた知識が結びつかなくなってしまうため、必要な場面に遭遇してもその知識を使うことが出来ない。知識はその知識を使う状況のなかで学ばれてこそ初めて意味をもつのである。おかれている状況に関わりなく、やさしいものから難しいものへ順番に

学習していく客観主義の教授方法に対し、学ぶべき知識が学習者にどう関わっているのかという結び付きを考慮した教育活動をおこなう必要があると構成主義者は主張している。

(3) 学習は共同体の中での相互作用を通じておこなわれる。

　学習活動はほかの学習者と切り離され孤立した形でおこなうのではなく、常にほかの学習者との関わりあいのなかでおこなわれなければならない。この社会的な関わりあいが、学習共同体に属しているという一体感を産み出し、知識と知識のおかれている社会的文脈で学習を理解し、共同体の相互作用によって間主観的(inter-subjective)に知識を構築することができるのである(Bruffee, 1984 ; 1986; Bayer, 1990)。

　構成主義の理論では、主体的で有能な学習者は外界に積極的に働きかけをおこなって学習をするという前提でとらえている。つまり、自分のしたいことと、それを達成する方法が学習者のなかでむすびつくことにより、自然に学習することができる。認知的徒弟学習において、徒弟はマスターの属する社会の一員として認められながら仕事を覚えていく。マスターがどのような方法で教えるということよりも、社会に貢献しているという予見を持つことや自分の仕事がマスターに認知されることの重要性を強調している(Collins *et al.*, 1989; Lave, 1988)。これから所属しようとする社会で真剣に取り組まれている「ほんもの」の実践活動に、学習者自身もその部分に関わり、活動に参加しているという予見が学習の原動力になる(佐伯ほか, 1992)。

社会における周囲の人との相互作用の重要性はピアジェ（Piaget, 1970）も指摘している。児童の発達において、自分と違った考えや前提をもつまわりの人に対し、自分の意見を説明したり、教えようと試みるうちに、自分自身でも曖昧であった知識が次第に明確になり、理解を進めると説明している。ヴィゴツスキー（Vygotsky, 1978）も学習のプロセスにおいて社会的なやりとりの大切さを説いている。ある社会・文化の有する知識が、その社会のより成熟した成員を通してより若い成員へと受け渡されていく過程をZPD（Zone of Procimal Development）と呼び、学習を促進すべきコーチングの考え方を示唆している。グループ内の仲間同士の相互作用によって、知的関心が高まり、より深い理解をうながすという、社会的関係のなかでの学びの重要性を述べている。つまり、有能な学習者は一人では存在しえない。学習者をとりまく社会での他者の存在が必要であり、関心を共有するが、考え方の異なる他者とのやりとりが理解を深め、学習をうながす。

構成主義の理論は学習の社会的側面と学習者の主体的な関わりを強調している。このような学習がなされるための教授上の留意点は次のようにまとめることができる。

(1) まちがうことを尊重する
(2) 探索することを奨励する。
(3) 学習者相互のやり取りをうながす。
(4) 教師の役割は援助であり、学習者みずからが知識を構成していくのを「助ける」ことが求められる（稲垣&波多野, 1989）。

構成主義の理論では、客観主義とは対照的に、専門家として教師から意図的、意識的に知識を伝達されなくても、人は自分自身で効果的に学ぶことができる、と考える。最近の「日常的認知」の研究は、意欲、やる気という客観主義の理論では扱わなかったものを重視し、日常生活で人が学ぶ過程を研究し、成果を集積してきている(Rogoff & Lave, 1984)。客観主義の理論のようにどのように教授活動をおこなうかアルゴリズム的に導き出すのとは違い、構成主義の理論は教師がどのように生徒の学習を支援していくかという視点に立つ。そのためには、教師が自ら研究者として、生徒とのかかわり合いを通して接していき、観察し、内省していく過程で、自身の理論を構築していく必要がある。構成主義の理論はあくまでもガイドラインを示すだけで、具体的な教授行動を指示するわけではない。

2. パラダイムの折衷と学力論争

パラダイムの折衷とその問題点

　パラダイム論の立場では、従来の教育理論と構成主義のパラダイムはその前提が大きく異なるため、二つのパラダイムが融合することは基本的に起こり得ないと主張している(Streibel, 1989)。しかし、これらの理論は組み合わせることにより効果を発揮できると主張する研究者もいる(Reigeluth, 1989)。本節では、二つのパラダイムを組み合わせたり、融合することにより効果的な教育をすることができると主張する二つの例について検討を加え、問題点を指摘したい。

　第一の例として、図2-3に示されるジョナセン (Jonassen, 1991a)の

知識獲得の過程を３つのレベルに分けたモデルについて考察を加える。このモデルにおける初期レベルでは学習者は知識が少ないため、新しくスキーマを作る時期である。第二段階はアドバンス・レベルの知識習得で、初期レベルを卒業し、専門家としての高度なレベルに移行する前の中間段階である。複雑な、状況に依存した問題を解決するためにはこのレベルまで到達しなければならない。エキスパート・レベルは相互に関連している豊富な知識を獲得する最終段階で、教えてもらうことはほとんど必要ないレベルに達している。

構造化領域	難構造化領域	綿密（精巧）な構造
技能に基づくレベル	知識に基づくレベル	スキーマ的パターン
		内的結合知識

初期レベルの	→	アドバンス・レベル	→	エキスパート・
（予備的）		の知識習得		レベルの知識習得
知識習得				

| 練習 | 徒弟制 | 経験 |
| フィールドバック | コーチング | |

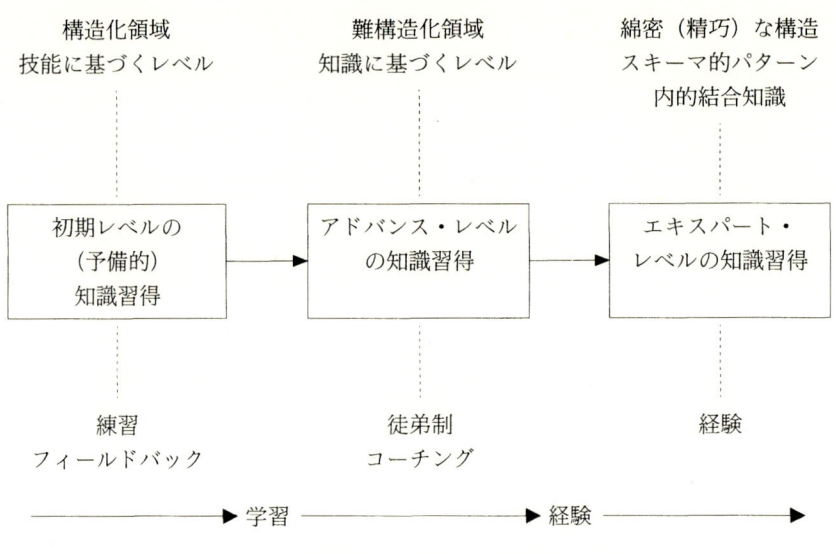

――――――→ 学習 ――――→ 経験 ――――――→

図2-3　知識習得の3段落（Jonassen, 1991a）

ジョナセンは、このモデルにおいて初期レベルとそれ以降のレベルの間の教授方法に大きく違いをつけている。十分に知識を積み上げていない初級レベルの学習者に対しては客観主義のアプローチの方がより効果

第 2 章　教育理論の哲学的前提

的であり、アドバンス・レベル以降においては構成主義の教授方法を取り入れることがもっとも適切で効果的であると主張している。つまり、客観主義と構成主義の教授方法を、学習者の知識獲得レベルにあわせて適度に組み合わせることが、学習効果を最大限に発揮させる方法であると説明している。実際の教育現場において、初期レベルでは練習やフィードバックなどの客観主義の教授方法が効果的であり、アドバンスレベルでは認知的徒弟制学習やコーチングなどの構成主義の教授方法を取り入れることが効果を発揮すると指摘している。

　ジョナセンのモデルは、学習者のレベルにあわせて、客観主義と構成主義の教授方法を組み合わせた一見、合理的なアプローチに見えるが、パラダイム論の視点から考察するとこのモデルは客観主義の枠組みからはずれていない主張と見なされる。このモデルは、二つのパラダイムを単に「教授方法」の違いと見なし、教育目標を達成するための最適な方法を折衷的に取り入れ効果的、効率的な教授システムを開発できると主張している。このモデルは構成主義的な知識習得の手法を提示しているように見えるが、その前提となっている価値は教授方法の「道具的な効果」であり、いくつかの教授方法のなかからもっとも適切な教授方法を見つけだすという「最適化」の道筋をめざしている。つまり、「効果的、効率的」な教授方法を見つけだすアプローチは客観主義の方法であり、コーチングやグループ学習なども従来の教育理論においても取りざたされている手法である。それならば、あえて「構成主義」を持ち出さなくとも、従来の枠組みで説明をすることができるモデルと見なすべきである。ジョナセンの理論では、単にコーチングやグループ学習を取り入れ

ることが構成主義的な教授方法であるかのような誤解を招く恐れがある。これは、ジョナセンがパラダイムを「教授方法」と見なし、「構成主義の教授方法」を取り入れることが、構成主義という新しいパラダイムの枠組みに変わることだと見なしていることによる。しかし、ジョナセンが「構成主義の教授方法」を取り入れるための判断基準は、客観主義の前提に基づいておこなわれたものである。

　もう一つの例として、レボウ(Lebow，1993)の主張を取り上げる。最近の構成主義に関する議論では、「哲学(philosophy)」と「方法(method)」が明確に区別されずに使われている、とレボウは指摘している。彼によると、構成主義は「方法」ではなく「哲学」であり、従来の教授システム設計（ＩＳＤ: instructional systems design）で用いられてきたシステムズアプローチは「哲学」ではなくて、目的を達成するための「方法」であるため、その区別を明確にしなければならない。教育理論に関する議論において、この「哲学」と「方法」との混同が、あたかもＩＳＤと構成主義のアプローチとが相反するように見なされる原因になると説明している。このような混乱を解決するためには、「方法」と「哲学」とを明確にし、従来のＩＳＤの「方法」に構成主義の「哲学」を取り入れるべきであると主張している。パラダイムの違いは基本的には価値観の違いにあり、構成主義の価値観をＩＳＤに当てはめることにより構成主義の教育を実践する事が可能であると説明する。客観主義の哲学は条件が同じならば同じ結果を導く「再現性」、定量化することにより測定可能となる「信頼性」、適当な変数を制御することにより学習効果を見通す「予測性」という価値観を重視してきたが、構成主義の価値観は「協

第2章　教育理論の哲学的前提

同性」、「自立性」、「内省性」、「やる気」、「関わり性」、「多様性」といった価値を重視する。これまで利用してきたISDに、構成主義の価値観を当てはめていくことで構成主義の教授システムを開発することができると主張している。

　このレボウの主張は、「哲学」と「方法」があたかも別々の実体として、それぞれ独立に取り扱えるとする考えがもとになっている。しかし、パラダイム論の視点で見ると、実際にこのように別々に扱うことには無理がある。ある種の道具を選ぶとき、たとえば、どのねじ回しを使うかという選択をするとき、人は選択をおこなった時点で何のために、どのような方法でねじ回しを使うかという判断を無意識的にでもおこなっている。言い換えると、ねじ回しを選ぶときは、選んだ人はそのねじ回しをどのような目的のためにどのような方法で使うかということが先見的に頭のなかにあるから選べるのである。つまり、どのねじ回しを選ぶかという選択は、その時点である価値観に従って判断が下されると考えるべきである。たとえ、無意識のうちに選択判断をしたとしても、その判断を下すための暗黙の前提がなければならないわけで、この前提なしには選択判断をおこなうことができない。

　レボウの言うISDとは工学的なシステムズアプローチであり、行動主義心理学や情報処理アプローチから得られた教授モデルのことである。つまり、彼はISDがあたかもすべての状況に当てはめることができる統一理論のように見なしているが、どの方法をとりいれるかという価値判断は、パラダイムの枠をはみ出ておこなうことができないというパラダイム論の論点にたつと、ISDを採択することは、もうすでに客観主

義の価値観で判断を実行したことになる。さらに、あたかもＩＳＤを「中立」で、哲学や価値観とは独立した客観的な「方法」と見なしていることは、レボウ自身、伝統的なパラダイムから抜け出ていないことを示している。

　二つのパラダイムを組み合わせて、より効果的な理論を構築するジョナセンやレボウの試みは、一見、合理的な解決方法に見えるが、パラダイムの基本前提を十分に考慮していないため、パラダイム論の視点から見ると根本的な解決を見つけだしたことにはならないと言えよう。

パラダイム論からみたわが国の学力論争

　わが国においても、長い間「問題解決学習と系統学習」をめぐって論争が展開されてきた。現在も、文部省から提出された「新しい学力観」をどのように捉えたらよいか、さまざまな議論がわき起こっている。これらの学力をめぐる論争をパラダイム論の視点で捉え直すと、次のように再構築できる。

　第一に、違うパラダイムの間のコミュニケーションは困難である。同一のパラダイムに属する人々は、暗黙の前提を共有しているため、パラダイムを客観的に対象化しないままで、ほとんど無意識のうちにコミュニケーションがおこなわれている。つまり、細かい用語の定義や使われ方といったことは、暗黙の前提として受け入れられているため、どのような基本前提がそのなかに存在しているか意識することなしに、語られる。しかし、違うパラダイムに属する人たちは、それらの暗黙の前提を共有していないため、相手の議論の意味を十分理解することが出来ず、

第 2 章 教育理論の哲学的前提

お互いの意見がすれ違いに終わることが多い。水越(1994)は、学力をめぐる論争に関わる問題点を整理したなかで、「使われる概念が混乱している」、「対象となる学習者の発達段階を無視している」といった点をあげているが、これらはパラダイムの違いからくるコミュニケーションの問題である。

それはちょうど、普段、眼鏡をかけている人は、レンズを通して外界を見ていることを意識していなし、ほかのレンズで外界を見ると違った見方が出来るということを理解することも困難であるということに似ている。つまり、言語を使用するという行為そのものが、状況に依存しているため、その用語をどれだけ詳細に定義しようとも、双方が納得のいく形で折り合うことは原理的に難しいといえる。「新しい学力観」という上から与えられた新しい用語も、まだ十分に理論的な掘り下げがなされないまま、言葉だけが一人歩きを始め、さまざまな立場の人に、多様な形で解釈される結果になってしまった。パラダイム論によれば、それぞれのパラダイムに属する人々が、自身のパラダイムの価値観の枠組みでしか理解しきれないため、違うパラダイムの人たちと共通の概念を作り上げるということは起こりえない。

そのため、多くの研究者は自身が属するパラダイムに合った新しい用語を作り出し、別のパラダイムで使われ、手垢にまみれた用語は避ける傾向にある。その結果、用語が多くなり、門外漢にはパラダイムのなかで語られている言葉が理解できにくくなるという弊害も生じてくる。

第二に、わが国の学力をめぐる論争は、小・中学校の教育を前提とした議論が中心となっている点である。ここでは学校という社会制度は、

論争をしている人たちにとって、暗黙の了解事項である。そのため、学校制度自体に疑問を投げかけ、制度的な改革をはかるという方向での議論は少ない(下村、1994)。学校という枠、教室をとりまく教育環境を先見的なものとして捉えていたため、その外側に働きかけより大きなシステムを変革していこうという視点に欠けていた。つまり、教室という枠組みを前提として、どのような教授手法がより効果的であるかという議論である。この小・中学校の枠組みでの暗黙の前提は、学校という社会制度を成立させるための、価値観、考え方、行動様式などの土台となるものである。たとえば、学校の外側では、「よりよい学校」にはいるために良い成績をとらなければならないという親たちの要求があり、教室内では一人の教師が数十名の生徒に対して一定時間内に一定の内容のものを教えるという前提がある。

　学力をめぐる論争は、学校と、学校を存続させている社会制度に対し異議を申し立てるといった論争に発展して、学校制度そのものを変革し、新たなパラダイムを作り出していこうとするほどの力にはなりきれていない。学校制度のさまざまな制約のなかで、新しい手法を取り入れようとした教師たちは、現状を維持しようとする社会とその社会を存続させる方向でつくられた学校制度に内在する価値システムと自身の価値観の狭間で葛藤しなければならならない。

　構成主義の学習理論は、主に学校の外側における人々の認知活動を研究することから構築されてきた。たとえば、アフリカの仕立屋の見習いが徒弟制度でどのように一人前になっていくか、ブラジルのストリートチルドレンが学校へ行かなくとも、複雑な計算が出来るのはなぜか、ス

ーパーマーケットの買い物行動は、既有知識をどのように使っているか、という研究から導き出されたものである。現在の学校という枠組みは、パラダイム論の視点からは、構成主義の価値観との整合性が十分にとれていないと言えるだろう。

　第三に、学力論争を研究するための手法が、実証主義的な研究手法に偏っていたため、構成主義の成果を十分に理解することが出来なかった。実証主義的な研究手法とは仮説、実験、検証のスタイルをとり、推測統計学を使う方法で、この手法が正当な研究方法であるという意識が教育関係者の間で強く支持されてきたし、現在においても教育工学分野の研究の大部分は、この客観主義の伝統に則っている。これらの教育過程の研究では、教授法の違いを独立変数に、教育効果を従属変数として、統計的な処理がなされた。統計処理をするためには、教育効果を測定しなければならず、定量化しやすい指標を見つけだすことに勢力が注がれてきた。

　この方法は、前述したように構成主義のパラダイムの基本前提と大きく異なるため、研究成果を教育理論に反映することは難しい。構成主義の研究は、実験心理学の手法ではなく、学習者のおかれた環境を一つの文化的状況と捉える文化人類学や民俗学などでおこなわれている質的な手法が使われなくてはならない。実証主義の研究手法では、主体性、多様性、動機付けといった価値が、状況のなかでどのように展開されてきたか理解することは難しい。

　このように、わが国の学力をめぐる論争もパラダイムの暗黙の前提との整合性を見直すことにより、問題点を浮き彫りにする事が出来る。次

節では、これまでの議論をパラダイムにおける哲学的前提を整理する事により、問題点をさらに明確にしていく。

3．パラダイムの基本的前提

哲学的前提

　パラダイムとは、ある学問領域においてどのような行動をとるべきかを指し示す基本的な、暗黙の信念であると定義されている(Guba, 1990)。パラダイムにはその基礎となる基本的な前提があり、違うパラダイムでは違った前提を持っている。この前提が、パラダイムの価値観を作り、考え方や方法の異なった枠組みを提供する。客観主義と構成主義のパラダイムの基本的前提の違いとはいったい何であろうか。グーバとバーレルのパラダイム論を参考にして、パラダイムの土台を形成する四つの哲学的疑問をあげる(Lincoln &Guba, 1985; Guba & Lincoln, 1989; Burrell & Morgan, 1979)。

存在論的疑問：「知る」ということはどういうことか？「真理」とはなにか？
認識論的疑問：「知ろうとする主体」と「知る対象」との関係はどのようなものか？
方法論的疑問：どのように知識を見つけだすことができるか？
人間論的疑問：人間はどのような特徴を持っているか？

　パラダイムはこれらの疑問に対し答えることはできるが、それらの答

えはあくまでも研究者の間で共有する「信念」であり、「真理」ではないことは繰り返し述べた。つまり、「信念」は数学でいう公理であり、公理自体を証明することはできないのと同様である。これらの答えは研究者のコミュニティの歴史のなかで形作られ、暗黙の前提として無自覚的に受け入れられたものである。パラダイム内において、このような共通の哲学的前提、価値観を共有することにより、そのつど根本原理に立ち戻り、細かく説明をしなくとも、それぞれの学問領域の理論を構築できるわけだ。

　客観主義パラダイムは、歴史的には産業革命とともに形成され、「工業化社会」の基本的な枠組みを作ってきた、いわゆる、近代合理主義的な考え方といえるだろう。上の疑問点に対し、客観主義のパラダイムは次のように答えている。

存在論：人間の外側に自然の法則にしたがう唯一の客観的「真理」が存在する。
認識論：もし自然法則によって作用する唯一の真実が存在するなら、知ろうとする主体は対象から離れて、調べたい変数以外の要因を制御し、実験や観察をする必要がある。
方法論：仮説を立て、条件を注意深く制御し、検証していく。
人間論：人間の行動も自然法則に従い、外部からの刺激がある行動に導かれる受け身な実体である。

　真理は外界に見つけることができ、研究する主体は、自身の存在が対

象に影響を与えないように働きかける。研究者は、時間や状況に依存しない「原因-結果」の一連の因果関係を導き出すことができるという信念に基づいて研究を進める。研究の方法は、主体が対象のなかに操作可能な変数を見つけ、変数を操作することにより、どのような結果が生まれるかを実験的におこなう。得られたデータは統計処理をし、変数と結果の因果関係を見つけだすことにより、将来の予測をすることができるという前提を持つことになる。

　一方、構成主義的な考え方はカントの哲学などにも見いだすことができるが、最近は言語学、心理学、教育学などの様々な学問領域において、客観主義的な枠組みにたいする批判として提示されるようになってきた。構成主義の哲学的前提は以下のようにまとめられる。

存在論：真理は多様である。それはそれぞれの人間の心の中で社会的、経験的な過程を通して形作られるため、基本的に主観的である。
認識論：知る人と知る対象は分けることのできない同一の実体である。知識とはまさにこの二つの相互作用のなかで構成される。
方法論：知識は体験と内省の繰り返しのなかで構成される。それは弁証法的な過程であり、比較したり、対比したりしながらおこなわれる。
人間論：人間は自ら知識を構築するために、積極的に対象と関わる能動的な実体である。

　各人の心のなかで作られる「真理」は、多様である。全く同じ状況に

第2章 教育理論の哲学的前提

二人の人がいた場合でも、二人が見る世界は、それぞれの文化や生い立ちの違いに大きく左右される。共同体での「真理」は構成員の間の相互作用を通して、間主観的な真理として認識されるわけだ。そこにいたるプロセスは、弁証法的であり、解釈学的である。研究の方法もいくつかの変数を見つけだし、関係を探ることではなく、状況をより広く全体的にとらえることに主眼が置かれる。

このように客観主義と構成主義の哲学的前提は、お互いに違うというよりも全く反対の前提にたっているといった方が良く、これらの二つのパラダイムが哲学的な意味で融合することはあり得ない。文化と同様パラダイムは、共同体の一員となるために成長過程において無意識に取り入れられた暗黙の前提であるため、一人の人間がひとつのパラダイムからほかのパラダイムへ、ちょうど池に浮かんだ飛び石の上を渡り歩くように自由にパラダイムの間を渡り歩けるわけでもない。それほどパラダイムはわれわれの体のなかに染み込み、無意識の言動、行動となって現れてくる。つまり、パラダイムの哲学的前提はその人の生きているアイディンティティと深く関わっている。

すべての思考や行動がパラダイムと整合性を持っているわけではないので、実際面において様々な矛盾を抱えて教育実践をしなければならないのは事実であり、教師や研究者の心の内面はパラダイムを軸に理論、実践、研究方法の整合性をつけようと葛藤する。図2-4に示すように、パラダイムを軸に、教育理論、研究方法論、そして教育実践が相互にダイナミックな関係を持っている。ピアジェの言葉を借りれば、思考の発展は、教育者や研究者の共同体の中で「同化」と「調整」を繰り返しな

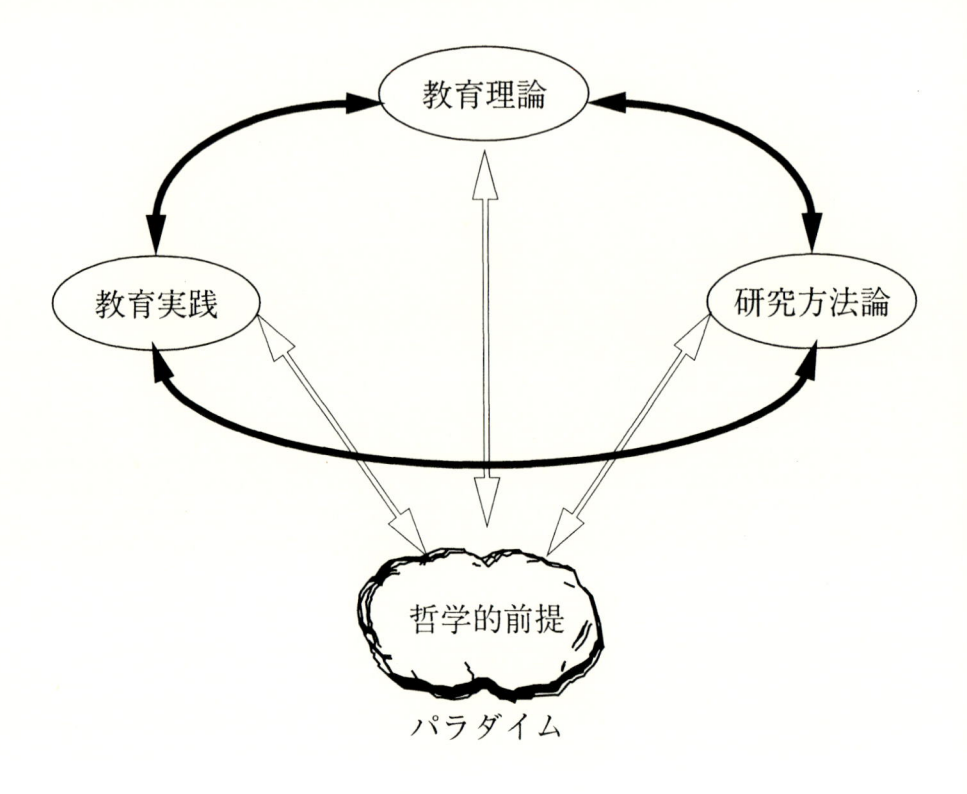

図2-4　理論、実践、方法の相互作用

がら、「間主観的なスキーマ」をより整合性のある洗練されたものに形成していく動的なプロセスであるといえるだろう。

　これまで教育理論や実践を論じるとき、このような暗黙の前提についてあまり触れられることがなかった。これらの哲学的前提はパラダイムを共有する集団の一種の信念でもあるため、違うパラダイムを持っている人との間のコミュニケーションが難しいことも事実である。しかしパラダイム論により、これらの暗黙の領域に光を当て、教育理論を形成し

第 2 章　教育理論の哲学的前提

ている基本的前提を明らかにし、問題の所在を明確に示すことが可能になると思われる。

まとめ

　ものの考え方や価値観は、社会の変遷により変わってくる。工業化社会と呼ばれる「近代」の枠組みが現在の社会構造を形作ってきた。この枠組みでは、効率や効果が重視され、社会システムが能率的に運営されるように管理されてきた。たとえば、能率的な教育を実践するためには、学校のような建物が必要で、教室で教師は、ほぼ同年齢の生徒に対し、一人で一方的に知識を詰め込んできた。知識の量はテストで測定され、上位の学校においては、生徒の学習到達度レベルにより学校が選ばれ、さらに効率的な教授活動がおこなわれる。ちょうど、自動車工場で分業体制とベルトコンベアーを使い、いかにたくさんの故障の少ない自動車を生産するか工場内で「改善」がおこなわれることに似ている。客観主義の教育理論はこのような枠組みによくあっている。研究方法も一時限のなかで教授方法を制御可能な変数と捉え、それを変えることにより、どのくらいの学習効果が上がるかという視点で計画された(Kubota, 1991)。

　構成主義はこのような「近代」の枠組みに対して異議を唱えている。それは単に従来の「教授方法」を批判し、新しい方法を取り入れるだけの問題ではない。たとえば、協同学習を授業に取り入れても、もし教師が教えたい内容にはずれないように、巧みに議論の方向を自分の「正しい答え」に近づけようと誘導するなら、それは構成主義の協同学習の方

法とはいえない。教師の考えが従来のものと変わらなければ、方法を変えても結局、「教え込む」ことになってしまう。

このような反省をもとに、パラダイム論の視点から、今後の研究・実践の方向をまとめてみる。

(1) パラダイム間のコミュニケーションは、理解困難だから、お互いのコミュニケーションをおこなわないという姿勢は間違いである。パラダイムの違いは哲学的前提の違いからくることを理解し、多様な考えを理解することに努力すべきである。違うパラダイムの立場に自らを意識的におくように努力することは、自分自身のなかの第三者を意識的に作り出すことになり、内省的な思考を深めることができる。
(2) 学校教育の枠組みから離れ、学ぶということはどういうことか、教えるということはどういうことか、という根本に立ち戻りながら、教育実践していくことが大切である。
(3) 構成主義の教育理論を実践することによって、どのような認知活動が展開されるのかを研究することは重要であるが、構成主義の前提と整合性のある研究手法を採用しないと、研究結果が意味のあるものにならない。

教育という活動は、具体的な教授方法よりも、教師の持っている教育に対する「考え方」、「価値観」によるところが大きい。その「価値観」が、微妙に教授活動に影響するからだ。つまり、まわりとの相互作用を通して主体的に取り組み、知識を構成していくのだという姿勢を教師が

持つことにより、自ずとどのように教授活動を実践していくべきかが見えてくるだろう。このような前提を持って教育を実践する教師は、効果・効率の枠組みを持つ教師と比べると、学習者への接し方が大きく異なってくるはずだ。

第3章 構成主義の教育理論

1. 構成主義とは

パラダイムとしての構成主義

　第2章では、客観主義と構成主義という二つのパラダイムの特徴について概観した。客観主義では、学習者を知識のない受け身の存在であると見なして、教育理論が組み立てられている。そのため、教える側が知識を分析、構造化することによって、効率的に知識を伝達する方法を開発し、学習効果を高めることができるとしている。一方、構成主義では、学習者を積極的に環境に働きかけ、既存の知識を駆使して、新しい知識を主体的に構築していく存在であると見なしている。そのため、構成主義の教育理論では、このような学習者が主体的に世界と関わることを支援するための環境を整えることに重点がおかれる。このような教育に対する客観主義と構成主義のとらえ方の違いは、パラダイムの基本的前提が互いに合い入れないものであることによる。

　このように説明をすると、構成主義とは、ある一定の枠の中に収まる理論の集合であり、他のパラダイムとの間に、明確に線を引いて区別できるようにみえる。しかし、「構成主義」という言葉は、さまざまな文脈で使用され、使う人によってその意味するところが違ったりする。そ

こで本章では、このような混乱を避けるために、パラダイムとしての構成主義の枠組みを明確にしていく作業をまずおこなう。

　本書で語る「構成主義」とは、ある特定の理論をさすのではなく、理論構築をするためのもととなる基本的な考え方（哲学）を共有している理論や実践を示すものである。たとえば、構成主義(constructivism)というと「ピアジェの理論」をさしたり、ある特定の種類の認知理論を意味するという前提で議論をする人もいる(Burr, 1995)。そこで、ガーゲン(Gaergen, 1985)はピアジェ理論やほかの特定の理論と混同されないように「構築主義(constructionism)」という呼び方をして、特定の構成主義と区別している。しかし、本書では、厳密な用語の定義にこだわるよりも、「パラダイムとしての構成主義」を浮き彫りにしていき、理解を深めていきたい。そのためには、暗黙の前提として十分に意識されてこなかった、パラダイムの基本的前提を明確にしていく。構成主義とは、以下のような基本前提を共有できる理論や実践の総体をさすものとする。

1．知識はその社会を構成している人々の相互作用によって構築される。現在私たちが理解している世界は、客観的な実在としての真理を写し取ることにあるのではなく、社会的相互作用の所産としてのものである。
2．私たちが世界を理解する方法は、歴史的および文化的に相対的なものである。つまり、私たちの理解の仕方は、おかれている歴史や文化に強く依存した形をとっている。

本書ではこれらの前提を共有することのできる立場を「パラダイムと

しての構成主義」と呼び、構成主義を教授・学習理論だけではなく、研究方法論、評価理論をも含んだ教育理論としてとらえていく。

　前章では、パラダイムとしての構成主義を浮き彫りにするために、客観主義の対立概念として説明した。しかし、二項対立的な考え方は客観主義的な思考形態であり、一方を他方より優れたものであるという捉え方をしがちになる。構成主義では、世界を理解する多様な方法を認め、単に二つの世界認識があるわけではないという立場をとる。おかれている文化、社会、歴史状況の違いにより、多様な方法で世界認識をすることが出来、相対的な視点に立つ。このような視点に立つと、客観主義もたくさんある世界認識の方法のひとつであるという見方ができる。構成主義をステレオタイプ的な枠組みの中に押し入れるよりも、開かれた概念として発達的にとらえたほうが、理解が深まる。その意味で、客観主義との対比は、議論の出発点であるととらえられる。

　構成主義は、ある特定の一人の理論をもとにしているのではなく、基本的前提を共有する多くの人たちの考え方によって構成されている。そのため、構成主義という広義の枠組みのなかに、違った視点があると主張する人たちもいる(Steffe & Gale, 1995)。それらは、ラディカル構成主義、社会的構成主義、認知的構成主義などと呼ばれ、それぞれの視点から議論が重ねられている。しかし、本書ではそれぞれの主義の細かな違いに注目するよりも、ある特定の価値観や基本的考え方を共有している構成主義について理解を深めていくことに主眼を置く。そのため、構成主義の枠組みに厳密な境界線を引いたり、細分化し区別することはおこなわない。教育理論における構成主義について主要な理論を概観し

ていく。とくに、教育分野における構成主義では、後期のピアジェ(Piaget)とヴィゴツキー(Lev Vygotsky)、デューイ(Dewy)の3人がよく引用されるので、まずこの3人の理論について概観していく(Fosnot, 1996)。

均衡化モデル

　後期のピアジェは、自分自身を構成主義者（constructivist）と呼んでいたため、構成主義とピアジェの理論を直接つなげて考える人は多い。ピアジェは、均衡化モデルを使って、学習者自身が知識を構成していくプロセスを説明した。

　ピアジェ（Piaget, 1977）は、まず学習者という「主体（the subject）」とそれを取り巻く環境である「客体(the object)」という二つの関係性に着目した。主体が「何かを知る」ためには、客体との接触が必要である。主体は、客体に働きかけ新しい認知構造を取り入れるというプロセス、つまり「同化」をおこなう。たとえば、同化とは他の人の論理的な構造や理解を取り込むことである。しかし、学習者は、自己の自立性を保つために、自分の視点から客体を見ることで、これまでに構築してきた自分の認知構造を保とうとする。ところが、取り入れた理解と自分の理解との間にギャップが生じるため、自分の理解と新しい理解との間に整合性をとるように、「調整」しようとする機能が働く。このようなプロセスのなかで、主体は、これまでに獲得した知識をもとに客体に働きかけ、両者の相互作用により、知識が両者のダイナミックな関係のなかで構成される。均衡化とは、静的でバランスのとれた状態を指すのでは

なく、常に主体と客体との間の関係性を通して、可動的で変化しつづける力のバランスを構成することである。それはダイナミックに動いているが、システム全体としては均衡の取れた状態になっている。

ピアジェは、主体と客体の相互作用の過程において、客体からの経験だけでもなく、心の中のみでだけでもない、連続的な構成の過程のなかで知識が作られていく、という点を重視している。学習者（主体）が客体と相互作用することにより（体験を通して）理解していく。その理解したものが既存の知識と矛盾していることがわかると、統合して考える（平衡化）という一連のプロセスを通して学んでいくと考えた。それは社会がいろいろな関係から成り立っているのと同じ意味で、知識もいろいろな関係から成り立ち、そのいろいろな関係の均衡化である、と考えたからである。

発達の最近接領域

ヴィゴツキーの「発達の最近接領域（ＺＰＤ：zone of proximal development）」の理論は、学習の文化的、歴史的側面に焦点を当て、子どもが成長していく過程で、そのまわりの人たちが果たす役割の重要性について言及したものである（Vygotsky, 1978）。学習者がまわりの支援がなくとも一人で問題を解決できるレベルと、その問題解決の過程に教師や仲間の援助が介在したときに達成される発達のレベルとの間に存在する領域を「発達の最近接領域」とよび、子どもの発達の可能性を示唆している。

彼は、子どもの学びにおける「模倣(imitation)」は、動物のおこな

う機械的な「模倣」と違い、「発達の最接近領域」において現れる行動であることに注目している。つまり、子どもはまわりの大人や仲間の行動を観察し、発達の可能性がある領域において「模倣」をおこなうのである。それは単なる模倣ではなく、子どもにとっては、新しい意味を作り出す、知識構成の活動であり、オリジナルな活動としてとらえられる（佐藤、1995）。

「ＺＰＤ」は、人間の学習が社会的性格を強く持つものであることを表現している概念であり、学習のプロセスにおける「社会」と「自己」との関係性を把握する必要のあることを提示している。この概念は、教師から生徒に対し、いかに効率的に知識を伝達するかという個別学習的な観点から、互いに仲間同士が学び合う協同学習へと観点を転換させることの重要性について示唆している。ブルーナーは、「ＺＰＤ」における「道具的思考」と「社会的過程」を重視し、まわりにいる大人の存在や仲間との関係性、教室の人間関係や社会的文脈の在り方により、学びの発達状況が変わるものであると主張している。このような視点から、まわりの仲間や大人による支援としての「足場づくり(scafolding)」の概念を教育の中に導入した。まわりの仲間や大人たちとの間で交わされる会話や体験を通して、協同で意味を作り上げていくプロセスを経ることにより、より高度な学習が行えるようになるわけである。「仲間相互の教え合い」により、問題を解決していくレベルが上がっていくことが学びであり、このような学びを大切にすることにより、教室における机の配置や教育機器や教材の置き方にも変化が現れてくる。

第3章 構成主義の教育理論

問題解決的思考

　デューイは、学習経験を「有意味な経験(meaningful experience)」として位置づけ、この有意味な経験をカリキュラムに取り入れることの大切さを主張した。有意味な経験とは、ヴィゴツキー同様に、人を単に環境に対して機械的、反射的に反応する存在と見なすのではなく、環境に主体的に働きかけ、内省をおこないながら「探求」していく存在とみるものである。それは、学習者が、環境に問いを発し、言語やシンボルや用具を使用した「道具的思考」を活用して解決に挑み、洞察と反省と熟考という探究を展開して環境を意味的に構成しながら、自らの経験も再構成するのである。つまり、学びとは知識や技能を受動的に受け取ることではなく、環境のなかにある道具や人に働きかけて問題を構成し、「道具的思考」を展開し、働きかけた世界の意味を構成していく「問題解決的思考」でなければならないとみる。

　現実世界では、何か問題がありそうだという問題状況(problematic)のなかから、明確に問題点としてとらえることは、難しい。そのため、人はまず問題状況から出発し、それを解決するためにさまざまな試みをすることを通して、学んでいくととらえる。この問題解決的な活動は、人と人とが相互に作用し合う、コミュニケーション過程としての文化・社会的なものであり、学習者にとって、そこでの経験が意味のあるものにならなければならない。つまり、人が意味を構成するのは、有意味な経験を通してこそできることである。人は環境に働きかけるという「探求」のプロセスを経ることにより、自分自身とまわりとの関係を構成するだけでなく、その意味を作り上げ、さらに環境のなかに存在する人た

ちとの間に共同体的関係をも作り上げる。この過程そのものが学習であるといえる。

しかし、日本では戦後の新教育において、多くの教師はデューイの提唱する「経験」を単なる「日常生活の体験」という理解しかせず、経験のなかにある「探求」という概念を排除した形の経験に終ってしまった。「なすことによって学ぶ(learning by doing)」という考え方も単に、日常生活を体験することであると解釈され、何の目的もなくただ子どもたちに経験させたため、「はいまわる経験主義」と批判される結果になってしまったのである（佐藤、1995）。

2．構成主義の視点

相対化された立場

近代(モダン)の担い手としての客観主義は、絶対的な真理を前提とし、大理論を構築することを目指した。ポストモダンの思想は、客観主義の目指す「実在としての真理」の追究に対する疑問から生まれた。そして、真理とは脱状況的なものではなく、いかに歴史や文化状況に依存しているかということを明らかにしようとしている。教育における構成主義も、このようなポストモダンの前提を共有している。たとえば、コリンら(Collin et al., 1989)は、知識の持っている指示代名詞的な性質について言及している。知識は「あそこ」とか「そこ」という形で語られる要素が強いため、実際にその知識を活用される状況でとらえないと、理解することができないという特徴を持っている。そのため、ある状況で活用できた知識をそのまま別の状況にあてはめようとしてもできないわけ

である。言い換えると、知識はそれ自体で意味があるのではなく、知識がおかれている状況との関係性のなかで意味を持ってくる。

このような知識観は、相対的な立場であり、おかれている社会、文化的状況により違う知識が構築されることを容認することである。知識は、世界の中に隠されている真実を発見し、個人の頭の中に蓄積することではなく、コミュニティの人たちの社会的相互作用の過程の中で構成していくものである。そのため、コミュニティが違えば、そこには違った形の相互作用があり、違う知識が構成されるわけである。社会的な構成物としての知識は、状況や歴史に依存し、相対的なものである。構成主義は、このような相対的な考え方を支持し、多様な視点から状況を捉えることを大切にする。

多様な知性

ダニエル・ゴールマンは、日本でもベストセラーになった著書「ＥＱ、こころの知能指数」において、知能指数に代表されるような知性ではなく、社会性や内省する力が人生における重要な知性であると主張している。ＩＱよりも情意的な知性、つまり人との関わりや内省する態度の重要性をさまざまな例を使って示している。自分の感情をうまくコントロールし、対人関係を円滑に運び、ストレスを軽減することが社会で成功する大きな要因であり、このような知性を子どもの頃から学ぶ必要性を述べている。

ハーワード・ガードナーも、社会で必要とされる知性についてこれまでのＩＱ至上主義を批判し、人生に有用な知性は広範多岐にわたるとし

て7つに大別した。従来のIQに相当するものは言語的知性と論理数学的知性であり、そのほかに空間的知性、身体運動的知性、音楽的知性、対人知性、心内知性があるとした。EQに相当するものはこのうちの対人知性と心内知性である。

　従来の知識伝達により蓄積できるとする知性から、社会的に人との関わり合いを通して作られる知性や自己を内省することでより深く自分自身を理解する知性の重要性が指摘されるようになってきたのだ。

内省的実践家(reflective practitioner)

　ショーン(Schon, 1984;1987)によると、学校というフォーマルな組織は、「近代」という基本前提のもとに構築され、運営されているという。そして、「近代」とともに発展してきた客観主義パラダイムは、理論と実践を分離した関係に支えられ、専門家は「科学技術の合理的適用（technical rationality）」をすることで、最小の費用で最大の効果をあげることを目指してきた。学校という組織は、客観主義の価値観のもとに運営され、目標を達成するために組織内にあるさまざまな要素をコントロールしようとする。組織には規則があり、構成員はそれにしたがって組織の価値観、目的、政策を実現しようとして努力している。

　教師もこのようなコントロールシステムのなかの一員である。教師は、生徒の進歩の度合いにより評価され、報酬を受けたり、罰を受ける。教室では、教師は教育の中心に位置し、生徒はその周辺にいるが、学校システムのなかでは、教師は教育委員会や校長の周辺に追いやられる。このような学校システムでは、中心がさまざまな規則を作り、周辺に押し

付ける形をとる。たとえば、カリキュラム、授業案、報酬や罰は、中央から発せられ、周辺にいる教師はただそれにそって授業をすることに専念する。また、教師は標準化された「知識の単位」を多くの生徒に効率的に伝達しようとする。この教師の活動をコントロールするためにあるのが、客観性である。客観性は、一貫性、統一性、正確性を保持しなければならない。すなわち、量的な測定ができるかどうかということに主眼が置かれ、できるだけ教師の個人的な判断を避けようとする。クイズや○×形式の試験で測定することにより、生徒がどの程度学んだかを決めることが出来る。このような学校システムでは、専門家としての教師は決められた規則やカリキュラムにそって活動していくことを求められるが、マニュアルどおりに行うことで、教師の思考は停止してしまう。

　このような学校状況に対し、ショーンは、教育とは「科学的技術の合理的適用」によるものでないことを主張する。教師の「実践的知識」とは、どこにでも当てはめようとするマニュアル化した知識のようなものではなく、限られた文脈に依存した一種の経験的知識である。それは、研究者がもっている理論的知識と比べると、厳密性や普遍性に欠けるが、はるかに具体的で生き生きとしており、「いま、ここ」に適応できる柔軟な知識である。また、生徒の学習活動における不確実な状況に探りを入れながら未知の問題の解決にむかう知識でもある。教師の意思決定場面では、意識化された知識や思考よりも、このような「実践的知識」がより大きな役割をはたしている。

　教師が実践で内省しながら、一人一人の生徒は違った理解の仕方をするということを相互作用を通して感じ取り、生徒の思考に揺さぶりをか

けていくことが求められる。このような教育実践で内省(reflection-in-action)し、工夫し、内省をもとに違えてみる、という試みでは、ドリルや練習をする以上に高度な能力が求められる。このような能力を身につけるには、教師相互の知識の交流をおこなうだけでは不十分であり、相互の実践的な経験を共有できる機会を保証していかねばならない。

分散された認知

　知識は、客観主義では「もの」メタファでとらえられている。学習とは、「もの」としての知識をいかにたくさん受け取り、頭の中に蓄えておくか、ということである。生徒には、頭の中に詰め込んだ知識を試験の時にいかに早く取り出し、答案用紙に記入するかが求められる。つまり認知活動とは、たくさんの知識を頭の中に蓄え、そこにうまく整理整頓して保存しておき、必要に応じて敏速に取り出すことである。

　このような客観主義の考えに対し、ギブソンの提唱する「アフォーダンス」の概念では、認知活動は環境と一体となった状況の中にあるという視点を提示している。つまり、アフォーダンスの概念は、人が刺激を受け、身体のなかで刺激を処理し、反応をするという静的な認知活動とは違い、人と環境との間に絶え間なく起きている相互作用と見る。そのため、人と環境に二分して、認知研究をすることは不可能であり、身体を包み込んだ環境のなかにこそ認知があると見なす。それは、学習者と環境の絶え間ざる相互作用そのものが認知活動であるとするダイナミックな関係である。

　ここでの「環境」という概念は、身体をとりまくだけの空間ではなく、

その身体にとって意味をもった空間である。人が環境との相互作用でその意味を見つけだしていく行為そのものが、認知活動である。たとえば、コンピュータと学習者という二つのもののセットとしてではなく、コンピュータを含み込んだ環境とそのなかでコンピュータを使っている学習者を一つのまとまりと見る。学習者は、コンピュータを使うことによって、1人では処理しきれない計算量をこなし、分析を加えていくことが出来るようになる。しかし、従来の学校教育ではこのような「道具つきの知性」は本当の知性とは見なされなかった。そのため、試験では記憶した知識を瞬時に取り出し、どれくらい答案用紙に書き写すことができるかが問われている。このような知識は、状況から切り離され、実際の日常生活の場ではあまり使うことのない知識である。実際に日常生活において知りたいことは、自分自身で本で調べたり、人に聞いたり、話し合いを通して分かるようになる。真空のなかで知識は蓄積されるのではなく、状況との関わり合いを通して学んでいくわけである。

　人間の「知性」とは、適切な道具を使いこなして、他者とのコミュニケーションを交わし、さまざまな「シンボル」を操作していく活動を通して高められるものである。これまで学校は「道具付きの思考」を育成してこなかった。むしろ他者（道具）の助けを借りずに物事を考えるという、日常では起こり得ない状況を作り出し、そのなかでの思考を育てようとしてきた。

学びの共同体
　コンピュータと人との関係性に認知活動があると考えるのと同様に、

認知活動は協同で生活をする社会集団の相互作用の中にもあるととらえられる。レイブとウェンガー（Lave & Weanger, 1991）は、学習とは、個人の頭の中で起きることではなく、個人が社会集団へ参加していくプロセスそのものであると述べている。これは知識や学習の概念を文化・社会的文脈の中で理解しようとする試みである。つまり、認知活動の社会性、状況性を重視し、「共同体の作り出す文化」にこそ知識があるととらえるのである。

　レイブらの提唱している「正統的周辺参加」という概念は、「見習い」である徒弟が周辺の仕事を少しずつ受け持ちながら、次第に中心的な仕事を任せられ、共同体の責任ある立場へと役割が移っていくという、文化的実践者として学習者が成長していく過程を示すものである（Lave & Wenger, 1991）。つまり、「学習」とは、個人の知識の獲得にあるのではなく、徒弟制の中で新参者が熟練者たちに見守られながら、次第に共同体の中心的な業務に参加し、中心的な役割が果たせるようになるプロセスそのものであると見ている。そのときに、学習者はそのコミュニティの構造的制約のもとに他の成員と協同していくなかで、成員としてのアイディンティティをつくりあげていく。一方、コミュニティ自体は、新参者の新鮮な参加を契機として、相互の交渉を活性化し、コミュニティの維持と発展をとげるべく変容を遂げていく。

　この徒弟制の視点は、学校教育では、学習者たちが互いに協力しあい、目標をめざして、「学びの共同体」を形成していくプロセスを重視することと同義になる。そのとき、教師の役割は、生徒と対話的な活動を通じて、共同体形成のプロセスを支援することにある。

第3章　構成主義の教育理論

「意味づけ」のプロセス

　「参加」が学習者の主体的な選択としてなされることは、「参加そのもの」が学習者にとって意味のある行為となる。つまり、学習者は意味を見いだしたからこそ参加するわけで、参加は共同体作りに参加する人々との間に、新しい関わりを作り上げる最初のステップとなる。それは、教師から強制されるものではなく、学習者のそれまでの体験を土台に、学習する側がそれぞれの目的を見つけ出し、参加し活動していくことである。そこに参加の「意味付け」がされるには、共同体の一員として参加することで、一体感が生まれ、そこに喜びを見つけだしていけることである。それはまた、共同体としてのアイディンティティを形成していくプロセスでもある。

　このプロセスのなかで、学習者が学んでいく道筋はきわめて多種多様であり、教師が必要な知識を用意し一定の方向にそって学ばせるという形態では起こり得ない。なぜなら、学習者一人一人が何をおもしろいと感じ、何に興味をそそられるかは、それぞれの学習者の「こだわり」や「関心」によるものだからである。それゆえ教師が前もって、学びの方向を予測し、先回りして必要なものを用意しておくことはできない。それよりも学習者が必要に応じて、必要だと思うものを手に入れたり、調べたりできる環境を準備することが大切であろう。

　このような視点で、学習を考えると、従来の「効率」、「コントロール」、「最適化」などをキーワードとした教授・学習モデルとは違った、「意味づけ」、「価値観」、「関係性」、「一体感」をキーワードとした構成主義の学びのモデルが浮き彫りになってくる。

3. 構成主義の学習環境デザイン

テクノロジーと構成主義

　構成主義が教育分野において注目を集めるようになった理由のひとつに、コンピュータや通信分野でのテクノロジーが急速に発展し、これまで夢だと思われていたことが、実用化されてきたことがあげられる。たとえば、100年前と同じように、教室で黒板とチョーク、教科書を使っていたものが、テクノロジーを導入することで、外部の専門家や海外の学生とメディアを介してコミュニケーションができるようになってきた。また、学習者はコンピュータを思考の道具として利用することで、実際に実験できないこともシミュレーション体験でき、思考を深めることが可能になってきた。

　これまでは、学校のなかと外との間には明確な境界が引かれ、学校のなかの生徒は現実の生活状況と切り離され、教師から与えられた問題を、成績をつけてもらうために解いていた。しかし、テクノロジーを学校にとり入れることで、教室は外に開かれるようになり、実際の社会で起きている問題を、複雑さを削ぎ落とすことなく教室のなかに持ちこむことができるようになった。

　たとえば、専門家が実際に使っているデーターベースを利用したり、地球の裏側の人たちと生きた外国語で会話をしたり、画像や音声などを自由に扱えるマルチメディアを駆使して、シミュレーションができるようになってきた。このような開かれた学習環境で学ぶには、その基本的な考え方や方法論も、これまでの閉じた環境での学習とでは、違わなけ

ればならない。テクノロジーを導入して、構成主義の学習環境を構築するには、教える側、学ぶ側ともその枠組みが変化したことを理解し、それにあった取り組み方を作り出していくことが求められる。

構成主義にもとづく学習環境デザイン

　構成主義の学習環境をデザインするためには、目標達成のための規則や手順をそのまま当てはめるのではなく、学習者が自立的に学ぶことができ、いっしょにいる仲間や教師と意味のあるやり取りができることを促がす学習環境を用意することである。それには、構成主義の基本的前提を大切にするための共同体を構築していける環境を整えることである。教師の側が、学習目標を設定したり、学習方法を提示したりすることは避けるべきであり、学習者自身が、目標を立て、環境との相互作用のなかで思考したり、内省を深めていくことが必要である。

　そこで、構成主義の学習環境をデザインするためのガイドラインを次に示す(Cunningham, Duffy, & Knuth, 1993)。

1．学習活動を実際に解決しなければならない問題として、より大きな枠組みのなかに埋め込む。

　　単位習得や成績のための学習と実際に解決しなければならない問題を前にしての学習では、その取り組み方が大きく違ってくる。どのような学びにおいても、何のために学ぶのかということが学習者にしっかりと認識されていれば、主体的な取り組みが期待できる。課題に取り組むための前提として、学習者は自分自身がテーマを設定し、学び

方についての責任を負う存在であることを認識することが大切である。

2．学習者が、問題や課題に主体的に取り組めるように支援をする。

　教師が学習の目標を提示して、目標を達成する重要性を理解してもらおうとながしても、学習者は単に課題をこなし、単位をもらうための活動であるととらえてしまう。このようなことが起こるのは、学習者の抱えている問題意識と教師が学ばせたいと考えている問題意識との間に、ずれがあるからである。

　このような場合には、学習者自身に課題を見つけ出させて、それに取り組ませることである。学ばせたい領域のなかで、学習者自身が意味のある問題として見つけ出すことができれば、主体的に取り組もうという姿勢が生まれる。もうひとつの方法は、現実の問題状況をシミュレーションとして提示すると、学習者は実生活の関連の中で意味のある問題と認識しやすい。たとえば、『ミミ号の冒険(The Voyage of the Mimi)』(注1) というマルチメディア教材は、そのよい例である。どちらの場合においても、学習者同士が問題状況に取り組むために意味のある対話をすることができれば、取り組みの姿勢を深めることができる。

3．本物 (authentic)の問題状況をデザインする。

　本物の問題状況とは、たとえば、実際に物理学者が実験をおこなっている環境を用意することでも、物理学者が現在取り組んでいる問題を学習者に提示することでもない。それは、科学者が問題に取り組むときに用いる方法論や考え方を学び、新しい法則を見つけ出したときの感動を学ぶことである。そのひとつの方法として、科学者たちが法

則を作り上げてきたプロセスそのものを、追体験することがあげられる。それは単に、教科書を暗記して、教師から言われたとおりの手順にしたがって実験するのではなく、問題解決に向けてグループ内で話し合いながら実験をデザインし、検証をしていく過程を大切にした活動をすることである。

　学校での学習は、実際の生活状況とかけ離れ、学校での学習になっている。たとえば、数学の問題にしても、言葉の使い方が教科書用のものになり、実際の生活で起きる問題とはかけ離れたものになっている。その結果、学校で学んだことが生徒の実生活で生かされない場合が多い。この問題を解決するために、カリキュラムや学習課題に本物の文脈を用意することが大切である。教室外にある現実の複雑さのなかに問題を埋め込む必要がある。複雑に絡み合った現実にある問題状況を把握することで、最も大切な問題を切り取るところから学びが始まる。

4．現実の複雑な社会状況を反映した学習環境と課題をデザインする。

　現実の複雑な状況から問題だけを切り離して、教室に持ちこむと、問題自体が面白いものではなくなってしまう。それよりも現実の複雑な社会状況を切り離さずに、課題に取り込むことで、問題を解決していく方法には多様なアプローチがあることを学習者自身が体験的に学んでいくことができる。また、教師が何をどのように学ぶか説明するのではなく、生徒自身が、状況を判断しながら学習を進めていく。問題に取り組み、まわりの人たちと対話を進めるプロセスで、少しずつ重要な役割を担っていくようになり、次第に高度な問題解決をする力

を身につけていく。

5．問題解決に向けて取り組んでいるプロセスを学習者自身が自分のこととしてとらえられる環境をデザインする。

　　生徒は、問題そのものや問題を解決するプロセスを自分のものとしてとらえなければならない。教師が事前に目標を設定し、問題を出し、解決するための方法を提示すると、もうそれは「本物の問題」ではなくなってしまう。生徒自身が関わり、まわりの人との相互作用を通して、複雑な問題に取り組んでいるという姿勢でとりかかることが大切である。そのために教師は、生徒の考え方に対して挑戦する役割を担うべきであり、解決方法を指示するようなことは避けなければならない。教師が別な角度から生徒の考え方に疑問を提示することで、生徒は自分の学習過程を内省し、自分とは違う意見について考慮できるようなる。批判的思考力(critical thinking)は、このようなやり取りを通して身についていく。

6．生徒の学びの過程を支援し、多様なコミュニケーション・モードを活用する環境をデザインする。

　　教師は相談役やコーチとしての役割を担うことになる。そのため教師は、学習者に何を考え、何を実行するべきか、という直接的な指導を避ける必要がある。それよりも、多様な視点から物事をとらえることができるように、生徒の思考に対して疑問を投げかけたり、別な見方があることを提示することが大切である。それは、教師やまわりの仲間との対話を通して、互いに理解を深めていくための「足場かけ」をすることである。

第3章　構成主義の教育理論

　教材は、教わるためのものではなく、学習を進めていくための情報資源である。教材から学ぶのではなく、情報資源から情報を選び、自分の意見を主張するために、それを編集し、発表の資料として提示することを学ぶのである。口頭発表や論文作成は、教育のなかで最もよく行われる知識の発表方法である。しかし、この二つの方法だけが生徒の学んだ内容を表現する方法ではない。ビデオ、コンピュータ、写真、オーディオなど多様なモードを持ったメディアを使うことで表現方法を豊かにすることもできる。

7．多様な視点を評価できる学習環境をデザインする。

　構成主義では、知識は社会的相互作用のなかで構成されると考えられる。そうとらえると、同じ事柄についてでも、社会によって理解の仕方は違ってくる。多様な視点でものごとをとらえることができれば、これまで良く分からなかった事柄についても理解を深めることができるようになる。多様な視点での学びを促進するには、一人で孤立して学ぶ環境よりも、さまざまな背景を持った人たちが互いに議論したり、意見をぶつけ合うことのできる環境を用意する必要がある。実際にいろいろな人たちと直接対話を交わす環境を用意するとともに、コンピュータ・ネットワークを導入したり、メディアを活用できる環境も必要である。メディアを介して離れたところにいる人たちを結びつけ、ネットワーク上に「学びの共同体」が作れるような環境が望ましい。

8．学習内容と学習プロセスの両方について内省する機会を用意する。

　生徒が、自分の設定した問題やそれに取り組む方法について学ぶプロセスで、自分の学びについて振り返ることは重要である。それは、

自己の学習活動をモニターできる力、つまりメタ認知を育てることである。生徒が学んでいるプロセスで、学んだ内容や方法に関して振り返り、反省しながら次の活動につなげていけるように、教師は積極的に生徒と対話したり、仲間同士で話し合える環境を提供していく必要がある。

　学習者は自立した存在であると同時に、社会的な関係のなかにおかれ相互に影響し合う存在でもある。自分が知識を構成していく過程を内省し、次へ進むための方略を探し出せるようにうながすためには、話し合いをする場と一人になって静かに内省する場の両方を用意することである。

構成主義学習環境のデザインと開発
　ここで取り上げた八つの原則は、構成主義の学習環境をデザインするためのガイドラインとして活用できる。ここでいうガイドラインとは、それをそのままデザインに当てはめる規則のようなものではない。ガイドラインと現実の学習状況とを比較しながら、どのようにしたらより構成主義の原則に当てはまる環境をデザインできるか、ガイドラインをもとにデザインをする人が、自分を含めたまわりの人たちと対話を重ねることである。たとえば、デザインをする自分自身との対話であり、他の教師や技術スタッフたちとの対話であり、さらに学習者との対話でもある。

　デザインについてこのように考えると、学習環境をデザインするということは、とてもあいまいな概念のようにも思える。学習環境とはどこ

第3章　構成主義の教育理論

までをさすのであろうか。教室という物理的な枠組みの内側をさすのだろうか。あるいは、学校という施設をさすのだろうか。学びが開かれたものになってきているなかで、学習環境を定義することは難しい。構成主義の考え方では、明確な教育目標をもつ学校のような場所だけでなく、学習者が問題状況を見つけ、それを解決するための活動を行う場所すべてを、学習環境ととらえることもできる。そしてもし、そのようにとらえるとしたならば、学習環境をデザインしたり、開発することは、広く社会全体と関わる営みとなるかもしれない。つまり、デザインとは、単に学習のためのツールを用意するだけのことではなく、私たち自身が相手とどのように関わり、社会を構成していくべきなのかということも含めて考えていくことである。それは、私たちのこれからの生き方そのものに対するデザインでもあるのだろう。

（注1）米国バンクストリート教育大学によって開発され、公共放送番組提供協会（PBS）により、1980年代に全米で活用されたマルチメディア教材。「ミミ号」が科学の課題を文脈の中で提示し、「状況に根ざした学習」を具現しているなど、高い評価を得た教材である（鈴木、1998）。

第 4 章　質的研究の評価基準

　教育工学の研究領域において、質的研究の重要性が次第に認知されるようになり、研究活動も年々活発になっている（たとえば、大谷　1995；大谷　1996；山内　1996；大島ほか　1996）。しかしながら、量的研究に比べると、質的研究を実践している研究者は、まだ少数派である。それは、もともと教育工学が客観主義のパラダイムのなかで発展してきた学問領域であり、構成主義のパラダイムのなかで発展してきた質的研究とは、その基本的前提で互いに合い入れない部分があるからと言えるだろう。また、質的研究論文の評価をどのようにおこなうべきか十分な合意が形成されていないことが考えられる。つまり、どのような質的研究が「良い」研究であるのかという基準が研究者により異なるため、研究者集団として共通の評価をすることが難しいのではないだろうか。

　第 4 章では、そのような現状を鑑み、量的研究と質的研究における評価方法の違いについて考察を加え、質的研究の評価の指針を提示することを目的とする。そのために質的研究と量的研究のパラダイムをそれぞれ形成している「暗黙の前提」に光をあて、それらの基本的枠組みの違いを明確にし、その違いが研究方法論をはじめ、研究の目的、手法の違いとも関連していることを論じる。パラダイムが異なるのであれば、質的研究の評価基準は量的研究のそれと違うものを当てはめるべきであり、

量的研究の基準と質的研究の基準を比較し、違いを明らかにしていく。

1　量的研究と質的研究の方法論

客観主義と構成主義のパラダイム

　パラダイム論の視点で質的研究と量的研究を見ると、単にデータの質と量の違いとしてではなく、客観主義と構成主義のパラダイムの違いとしてとらえ直すことが出来る（田口　1995；久保田　1995）。表4－1に示すように、客観主義において、「真実（リアリティ）」は研究者から独立した「唯一の存在」であり、因果関係を持った自然法則にしたがうものであると考えられている。このような真実を見つけだすために、研究者は研究対象から離れ、研究対象に影響を与えないように研究を進めなければならない。量的研究では仮説を設定し、それに基づいて実験をおこない、仮説の検証を繰り返して、法則を作り上げていくという手順をとる。さらに、研究者はこの法則を他のさまざまな場面に当てはめ、将来を予測したり、効果的な教育環境を設計するための処方箋を作ったりする。このパラダイムにおける教育理論は、刺激と反応の関係を量的にとらえた研究、あるいは脳を情報処理システムととらえインプットとアウトプットを量的に測定し、相関を調べる研究から導き出されている。

　このような客観主義とは対照的に、構成主義においては、ある状況に関わる人々の間の社会的な合意に基づいて、真実は形成されるという前提に立つ。そのため、研究者と研究対象との相互作用が研究の重要な要件となる。つまり研究者自身が、研究対象と直接関わり、相互作用的な発展のなかで真実が形成される。このパラダイムの教育理論は、従来の

第4章　質的研究の評価基準

量的研究の方法論からではなく、エスノグラフィーや文化人類学で使われる参与観察といった方法論から理論構築されていく。たとえば、日常認知や状況論の研究者たち（Rogoff & Lave, 1984; Collines et. al., 1988; Brwon et. al., 1989； Lave & Wenger, 1991）は、質的研究をもとに、従来の知識観とは違う、共同体としての知識を提唱し、徒弟制における文化的実践そのものに「学び」があると主張している。

表4-1：客観主義と構成主義のパラダイム比較

	客観主義パラダイム	構成主義パラダイム
存在論	「唯一の真実」が研究者の関心とは独立して存在する。それは自然の法則に従って因果的に作用する。	社会的に構成された多様な「真実」が存在する。真実とは、批判にさらされ、人々の合意を作り上げる過程のなかから生み出される。
認識論	研究者は、研究対象に直接関わらずに、研究対象がおかれている場から離れて分析する。	研究者自身が直接、研究対象と相互にかかわり合う。そのため、研究者は研究対象と独立して研究することはあり得ない。
方法論	前もって仮説を立て、実験的環境を注意深く作りだし、実証的に検証する。	共通の理解を得るために、研究者は研究対象との絶え間ざる相互作用を通して、真実を構成していく。

（Guba, 1987, 1990を参考）

構成主義、客観主義という前提の大きく異なるパラダイムでは、単に研究方法が違うだけでなく、そこから導き出される理論のとらえ方、理解の仕方が大きく異なる。言い換えると、質的研究は研究の「一つの方法」としてとらえられるべきものではなく、そこから導き出される教育理論や教育実践との整合性を持った「研究方法論」としてとらえられるべきものである。それらの土台となるものがパラダイムの哲学的前提で

あり、土台の上に位置する教育実践、教育理論、研究方法論が、常にダイナミックな相互作用を通して均衡を保つようになる。

量的研究と質的研究の方法論

　実際上の研究において、質的方法論と量的方法論の両方の手法を取り入れることがありえても、パラダイムの基盤となる「暗黙の哲学的前提」は、客観主義と構成主義のパラダイムの間では対立するものであり、理論的には二つのパラダイムが融合することはあり得ない（Kubota, 1991）。この対立する前提に立つことは、研究目的が異なることであり、目的を達成する手順や手法も違ってくる（Hammersley & Atkinson, 1983）。量的研究の目的は、一般法則を見つけだすことであり、その法則に従って教育現場の出来事を説明し、さまざまな場面において起こる事象を予測することである。それに対し、質的研究の目的は、ある状況において人々がどのように現実をとらえ、その現実との相互作用のなかでどのように生きているか、人々の主観的な立場を尊重し、理解することである。

　研究目的が異なることで、設定される問題も違ってくる。たとえば、パパート（Papert, 1987）はコンピュータの教育利用に関する研究において、二つの異なった問題設定と、それに続く研究方法の違いについて説明している。「コンピュータは人々にどのような影響を与えるか」という問題設定と、「人々はコンピュータを使って何をするのか」という問題設定は、研究目的の違いからくるもので、問題を解く手順も、図4-1に示すように違うものとなる。

　「コンピュータは人々にどのような影響を与えるか」という問いにお

第4章 質的研究の評価基準

(1) 量的研究の手順

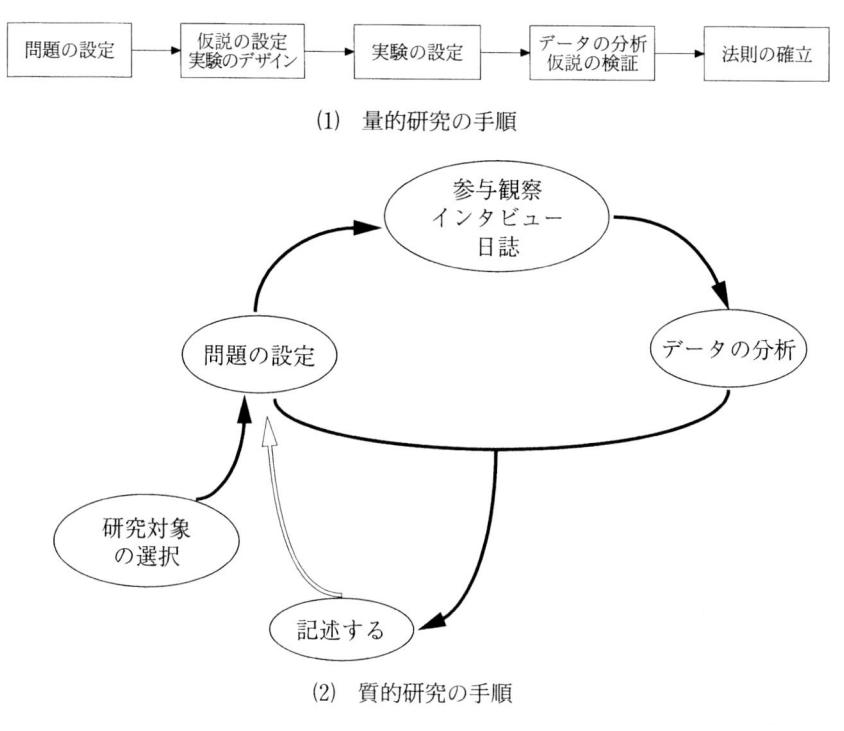

問題の設定 → 仮説の設定 実験のデザイン → 実験の設定 → データの分析 仮説の検証 → 法則の確立

(2) 質的研究の手順

図4-1 量的研究と質的研究の手順

いては、コンピュータのどのような要因がどのような影響を研究対象に与えるかを調査する方法、つまり量的研究手法によって答えを導き出せる。量的研究の具体的な手順は前もって決められており、一定の手順に従って仮説検証をおこなっていく。この方法で、忠実に実験手順にしたがえば、誰がおこなっても同様の結果が出ることが期待されている。つまり研究者は、学習者に影響を与えるさまざまな要因を分離し、一つ一つの要因が独立変数としてどのような影響（従属変数）を学習者に与えるか、実験的な状況を作り、検証していく。たとえば、コンピュータの

学習者に対する影響を調べるとき、コンピュータを導入したクラスと導入していないクラスで、「コンピュータ導入」という要因以外をすべて同じにして実験をする。このように学習者を実験群と統制群の2グループに分け、実験の前後にテストを実施し、コンピュータの導入がどのような影響を与えたかテストの成績をもとに推測統計学の手法を使い分析をしていく。このような実験は、繰り返され、何回か繰り返された実験から違う結果が出た場合は、方法が厳密ではなかったか、誤っていたと見なされる。このように量的研究では、実験室的な状況あるいは人為的に特定の状況を作り出す必要があり、実験の期間は一般的に短い。研究者は中立性、客観性を保つため研究者の存在が学習者に影響を与えないように、テストやアンケートなどの道具（注1）を使うことでデータ収集をおこなう。また、導き出された法則から一般性を導き出すために、標本を母集団から無作為抽出し、標本の数をできるだけ大きくすることが求められる。

　一方、「人々はコンピュータを使って何をするのか」という問いに対しては、教育現場に関わる人たちがコンピュータをどのようにとらえているかを見るため質的研究方法がとられる。このような方法では、教師や生徒、父母など教育に関わるさまざまな人々がコンピュータと関わることによって、どのような変化が起きるか、社会・文化的な側面から理解することに重点がおかれている。研究者はアンケートなどの道具を使わず、研究者自身が、研究対象となる人々との直接的な関わり合いのなかでデータが集められる。しかし、その際の相互作用は事前に予測することが出来ないため、研究デザインを前もって決め、それにしたがって

第4章 質的研究の評価基準

調査をするという方法はとれない。研究は「自然な状況」(注2)のなかでおこなわれ、意図的に研究対象を選択し、参与観察やインタビュー、あるいは研究者の研究日誌などをデータとして利用する。長期にわたる参与観察をおこなったり、何回ものインタビューを重ねて、研究対象からの主観的なデータを記録し、さらに研究者自身の内省的な日誌をデータとして内容分析を反省的におこなう。質的研究は、量的研究のようにいくつかの変数についての相関や因果関係を求めることで仮説検証をおこなうのではなく、集められたデータの総合的でかつ有機的なつながりを明らかにし、行為を読み解く「分厚い記述(thick description)」をすることで、仮説生成をめざす (Glaser&Strauss, 1967)。

表4-2 量的研究と質的研究の比較

比較する点	量 的 研 究	質 的 研 究
焦　　点	量(どれくらい)、発見	質(性質、本質)、意味
哲学的前提	客観主義、論理実証主義	現象学、解釈学、象徴的相互作用
関連する用語	実験、実証、統計、中立的	エスノグラフィック、自然主義、データ対話型、主観的、中立的ではあり得ない
目　　標	予測、制御、確証	理解、描写、協同で構築
研究デザイン	事前に決定、構造的	柔軟、変化していく、次第に明らかになっていく
状　　況	人工的、操作的、実験室、状況から独立している	自然的、日常的、状況に依存する
標　　本	大きい、無作為、代表	小さい、意識的
データ収集	テスト、アンケート、サーベイ調査など	インタビュー、参与観察、日誌など
理　　論	理論の検証	理論の生成
期　　間	(一般に)短い	長い
知　　見	正確、狭い、還元主義的	理解、全体的、広がり

(MERRIAM, 1988を参考)

上記のように量的研究と質的研究は、基本的前提が違うため、表4－2に示すようなさまざまな差異がある。そのため、研究成果としての論文をどのように評価するかという基準も当然違ってくるはずである。次節において、研究成果の評価の考え方について考察を加える。

2　研究成果の評価基準

投稿論文の条件

　日本教育工学会の学会誌への「投稿論文の条件」を見ると、二つの条件を満たすことが記載されている。第一に、発表論文は未投稿のものであること。第二に論文内容にオリジナリティがあることである。同一パラダイム内にいる研究者の間では、「条件」はこれだけで十分であり、どのような論文が「良い」論文であるか細かく文章で規定しなくとも暗黙の了解がある。なぜなら、パラダイムには先験的に何が良くて何が悪いかという価値観が暗黙に埋め込まれている(Guba & Lincoln, 1989)ため、同一パラダイム内にいる研究者たちは、その価値基準に疑いをはさむことなく、当然のものとして受け入れているからである。ところが、質的研究が教育工学分野においても、一定の地盤を築き、論文が投稿されるようになると構成主義と客観主義のパラダイムの間にある対立性に目を向けなければ、質的論文は単に「主観によって書かれた感想文」としか受け取られないことになろう。本節において、量的研究と質的研究の評価基準の違いが何処にあるのかを比較し、二つのパラダイムの評価基準をともに受け入れることにより、学際領域としての教育工学がより発展していくことを展望する。

第4章　質的研究の評価基準

量的研究の評価基準

　研究論文が「良い」ものであるかどうかの判断は、その研究成果が読み手を十分に説得できるかどうかにかかっている。では、説得するためにはどのような要件を満たしている必要があるのだろうか。量的研究においては、次の四つの質問に十分に答えられるかどうかが、論文の善し悪しを決める判断となる(Lincoln & Guba, 1990)。

(1)　研究がおこなわれた場において、変数の関係を適切に測定しているか。

(2)　研究によって得られた知見を他の場所でも当てはめることができるか。

(3)　別の場所の同じような研究対象に、同様の研究をおこなえば同じ結果を得ることができるか。

(4)　研究者によって得られた知見に、研究者の偏見、関心、意図などの主観が含まれていないか。

　これら四つの質問は、量的研究の四つの基準、内的妥当性、外的妥当性、信頼性、客観性を満足しているかどうかと言い換えられる。そこでこれら四つについて概略する。

(1)　**内的妥当性(internal validity)**

　内的妥当性とは、仮説で設定した二つの変数の関係を適切に測定しているかということである。たとえば、「コンピュータは学習者にどのような影響を与えるか」という問いに対しては、「コンピュータ導入により学習効果が上がる」という仮説を設定し、「コンピュータ導入」(独立

変数）が学習効果（従属変数）に影響を与えるかどうか測定する方法を考える。そのためには、実験的な場を作り、それ以外に影響する変数を注意深く取り除かなくてはならない。

　内的妥当性を脅かすさまざまな要因にも注意を払わなければならない。たとえば、事前、事後テストの間に実験室外部での出来事が事後テストに影響を与える可能性もある。事前、事後テストの間が長いと、時間が単に経過することで学習者が成長し、その結果、事後テストの成績が上がることもあるかもしれない。あるいは、コンピュータ導入という「新奇性効果(novelty effect)」により学習者が学習意欲を高めたのかもしれない。また、実験に参加しているという意識や、研究者から注目されているという意識が、学習意欲に反映され、事後テストの結果が良くなるという「ピグマリオン効果」が起きているかもしれない。このような議論に対し一つずつ反証していくことも、内的妥当性を高めるために必要なことである。

(2)　**外的妥当性(external validity)**

　外的妥当性とは、仮説の因果関係を別の場においても当てはめることができるかということである。つまり、母集団から無作為抽出された標本での結果は、その母集団に対してどの程度同じ仮説を当てはめることができるかを指す。変数の因果関係（内的妥当性）を高めるためには完璧な実験的空間を作り、その空間を制御する必要があるが、その因果関係はその実験的な場だけに当てはまり、一般状況には当てはまりにくい（外的妥当性が低い）。反対に、一般状況に当てはまるような（外的妥

当性が高い）仮説は、実験室内で制御しにくく、変数間の因果関係が希薄になる（内的妥当性が低い）(Cook & Cambell, 1979)。つまり、外的妥当性と内的妥当性は補完関係にあり、両方の妥当性を同時に高めることはできない。したがって、研究内容によりどの程度、内的、外的妥当性のバランスをとらなければならないか検討する必要がある。

(3) **信頼性(reliability)**

　信頼性とは、安定性、一貫性、予測性、正確さのことである。研究者が注意深く測定をおこない、同様の実験を再現したときに、同様の結果を導くことができるとすれば、信頼性は高いと言える。反対に、研究方法が不適切であったり、不注意なデータ収集があれば、実験の再現性は低くなり、信頼性は低い。つまり、信頼性は妥当性を高めるための前提条件であり、信頼できない測定からは妥当な結論を導くことはできない。

(4) **客観性(objectivity)**

　客観性とは、研究者の偏見や個人的な体験など主観的な内容が研究成果に反映しないように、偏見などを排除しているかということである。個人的な偏見を避け、主観がなるべくは入り込まないような方法、つまり、アンケートやテストなどを用い、研究者は研究対象と直接的な関わりを避けることで客観性を高めることができる。

　日本教育工学雑誌の投稿規定には「オリジナリティ」だけが謳われ、外的妥当性、内的妥当性、信頼性、客観性の四つの基準についての詳細な記述はない。なぜなら、これらの基準は客観主義パラダイムのなかで

は当然の前提であり、これら四つの基準は満たしているという暗黙の前提のもとで、研究論文のオリジナリティが求められているからだ。

質的研究の基準

前節で説明したように量的研究の評価基準には、オリジナリティの前提として四つの基準が示され、パラダイム内において合意が形成されているが、質的研究においてはそのような明確な基準というものがまだ確立されていない。質的研究を正当に評価するために、このような基準をどのように作るべきか検討を加える。

教育人類学者であるウォルコット（Wolcott, 1990）は、フィールド調査の妥当性を高めるために普段注意をしていることをいくつかあげている。

(1) フィールド調査をする際、自ら発言することはなるべく控え、多くのことを聞くように心がける。
(2) できるだけ正確に記録する。
(3) フィールド調査を始めてなるべく早い時期から記述を始める。
(4) 一次データをできるだけ盛り込む。
(5) 理解できないデータも含めて、十分な内容を記述する。
(6) フィールドにおける自らの関わりを明確にする。
(7) 調査の過程で研究対象からのフィードバックを受ける。
(8) バランス良く描くようにする。
(9) できるだけ正確に記述する。

上記の内容は、基準というよりもフィールド調査をおこなう際の研究

者の心構えと言えるだろう。これらは量的研究の基準と比べるとあまりにも常識的な内容であり、異質に見える。

　客観主義と構成主義のパラダイムではその基本前提が大きく異なるため、量的研究の評価基準をそのまま質的研究に当てはめても、評価を適切に下すことは難しい。質的研究の基準を考える上で、量的研究の基準は参考になるが、その評価基準は構成主義の前提と整合性のある独自のものでなくてはならないだろう。たとえば、質的研究では、量的研究のように「一定の手順」に従っておこなう方法によってでは信頼性や客観性を高めることができない。なぜなら、研究者自身が研究対象と直接かかわるため、事前に「一定の研究手順」を決めておくことが難しいからだ。また、量的研究においては、アンケートという道具が良くできているかどうかが問われるが、研究者自身の能力や資質は本質的な問題ではない。ところが、質的研究においては研究者自身が「道具」となるため、研究者（道具）が変われば、研究結果も変わる可能性がある。グーバとリンカーン（Guba & Lincoln, 1989)は、量的研究に対応する基準として「方法論に関する基準」をあげているが、本章では、質的研究独自の基準として、「研究者の意識に関する基準」、「倫理に関する基準」、「研究対象との関わりについての基準」を加え、多様な角度から質的研究を評価したい。以下、これらの基準について検討する。

量的研究に対応した基準

　グーバとリンカーン（Guba & Lincoln, 1989)は、質的研究の評価基準を量的研究のそれと対応させ、表4-3に示すような用語を当てはめ

た。各用語の意味は量的研究の用語と基本的に同じであるが、統計的手法のイメージの強い量的研究の用語の使用を意図的に避け、質的研究のために新しい用語を提案している。それは、質的研究における評価の違いを強調するためである。これらの日本語訳は、必ずしも適切であるとはいえないが、とりあえずの訳語ということで＜　＞で囲んで表すことにする。

表4－3　対応する基準

量的研究の判断基準	質的研究の判断基準
内的妥当性 (internal validity)	＜信用性＞ (credibility)
外的妥当性 (external validity)	＜移転性＞ (transferability)
信頼性 (reliability)	＜信憑性＞ (dependability)
客観的 (objectivity)	＜確証的＞ (confirmability)

(1)＜信用性＞

　＜信用性＞は内的妥当性に対応するが、量的研究の前提である唯一の「真実（リアリティ）」を見つけだすのではなく、構成された「真実」を描いているかどうかを基準にしている。つまり、研究対象となる人たちが構成した「真実」を研究結果に正確に描いているかどうかが判断基準となる。＜信用性＞を高めるには、質的研究の方法が厳密におこなわれたかどうかが重要となる。＜信用性＞を高めるために、どのような手法をとるべきかを以下に示す。

　第一に、研究者はフィールドで「長期的関わり(prolonged engagement)」を持たなければならない。間違った情報やひずんだ情報を受け取らないためにも、研究対象との共感関係、信頼関係を打ち立てる必要がある。そのためには調査場所での観察が長いほど、またデータ収集の期間が長いほど構成された「真実」の＜信用性＞が高まる。

　第二に、「持続的な観察(persistent observation)」をすることで、表面的なデータだけでなく、見逃しそうなデータも見つけださねばならない。このようなデータを入手することで、研究の深みが増し、＜信用性＞が高まる。

　第三に、直接フィールドに関わっていない研究仲間に途中の分析結果を報告(peer debriefing)し、批評を受けることで、研究者自身が意識していなかった点などを指摘してもらわなければならない。また、仲間にフィールドでの問題を語ることで、研究者は調査からくるストレスを和らげたり、自信をつけたりすることができる。

　第四に、「作業仮説(working hypothesis)」に合わない事例を見つけだし、分析すること（negative case analysis)で、作業仮説をより洗練されたものにしなければならない。否定的な事例がなくなるまで、何度も作業仮説を作りなおしていくプロセスが求められる。

　第五に、研究者によって描かれた「真実」は研究者個人によって構成されたものではなく、研究に関わる人たちによって共同で構成された「真実」でなければならない。もちろん、研究者は全くの白紙で研究対象にあたるわけではない。ある特定の調査をすること自体、研究者の心に一定の価値判断が含まれていることになる。そこで研究者が構成した「真実」をモニタリングする過程が必要となる (progressive subjectivity)。

　第六に、収集したデータやその解釈を研究対象とした人たちに提示し、点検してもらい、彼らの認識とのずれを修正(member check)していかねばならない。

　以上のような手続きを経ることにより、＜信用性＞は高めることができる。

(2)＜移転性＞

　＜移転性＞は、量的研究における外的妥当性あるいは一般性に相当する。しかし質的研究は、仮説検証をおこなうことが目的ではなく、作業仮説(working hypothesis)を作ること（つまり研究対象を理解すること）が目的であるため、量的研究のような方法では一般化できない(Glaser & Strauss, 1967)。手法も、量的研究では無作為抽出した標本で検証した仮説を一般化していく過程を経るが、質的研究では、はじめから意図的サンプリングをするので統計的な方法は使えない。

　ギアツ(Geertz, 1973)は、質的研究においては量的研究のような一般化はできないため「分厚い記述」を行うことで読み手に十分な情報を与え、それが他の状況に当てはまるかどうかという判断を読み手にゆだねる必要があると述べている。つまり、研究成果をどれだけ自分の置かれている状況に当てはめて学ぶことができるかは、読み手の側の問題になってくる(Wilson, 1979; Walker 1980)。そのため、読み手が他の状況に作業仮説を当てはめることができるように十分なデータと解釈を提示することが重要であり、研究者自身が将来を予測したり、他の状況

に当てはめてみせることは質的研究のめざすところではないという。

(3)＜信憑性＞

＜信憑性＞は、量的研究における信頼性と対応するものであり、時間経過によってデータの信憑性がなくなる程度と関係している。また、研究者が疲労していたり、長い緊張のもとでストレスを感じながら研究を進めると、研究プロセスの＜信憑性＞に悪い影響が出てくる。

量的研究において研究途中の方法の変更は信頼性を失うことになるが、質的研究における方法の変更は当然起こり得るべきものであり、それにより研究が洗練されたものになることが期待されている。したがって＜信憑性＞を高めるためには、方法の変更を明確に記述し、研究プロセスがどのように変わったか、必要に応じてあとをたどることができるようにしなければならない。そうすることで読み手は、研究途中にどのような判断が下されたのかを知ることができる。

(4)＜確証性＞

＜確証性＞は、量的研究における客観性に対応している。研究成果は研究者の単なる想像の産物ではなく、研究対象から集められたデータにもとづいた解釈でなければならない。量的研究においての客観性は、研究方法が厳密におこなわれたかどうかに関係している。厳密に実験をおこなうことで、研究者の個人的な価値観や偏見などが研究成果に混入しないようにすることができると見なされる。それに対して、質的研究の＜確証性＞は、集められたデータは何処からどのように入手したのか、

その過程を明確に示すことで高められる。また、そのデータをもとにどのような協同作業を通して「真実」を作り上げてきたかという過程を明らかにすることで、＜確証性＞が高められる。ちょうど年度末に会計監査がおこなわれるときのように、金銭の出し入れの過程を追うことで、監査することに似ている。質的研究においても同様に、データ収集の過程が読み手に分かりやすく提示されなければならない。

＊

以上のように質的研究に対応した四つの基準は、客観主義パラダイムの基準と用語は違うが、基本的な考え方では同等のものである。しかし、これらの基準を満たすだけで、質的研究の評価が完結するわけではない。なぜなら、研究方法を厳密にすることだけが、「よい」質的研究の条件ではないからだ。多様な視点から、研究成果を見直し、総合的な判断が求められる。

研究者の意識に関する基準

量的研究において高度な統計処理をすることによって分析結果の信頼性を高められるとすれば、質的研究においては研究者自身の手腕、経験的な視点、洞察力などが研究の「質」に関わる要素となる。研究者は研究手法の訓練を受け、研究実践を積み重ねることにより、研究過程での意識を堅持でき、よりよい研究を実践することができるようになる。

リーズンとロワン (Reason & Rowan, 1981)は、質的研究の「質」を見る上で重要である要素は厳密に方法論に従うということよりも、共同で研究を進めている人々が意識を高く持っていることだと述べている。

つまり、信頼に足る研究は基本的に一人だけでおこなえることではなく、さまざまな人々とのかかわり合いをどのように持ち、共同して「真実」を構成していくということが重要となる。また、共同で研究している人たちの高い意識が相互に刺激になり、内省的な気づきを促すことによって、理解を深めることが必要である。

　研究者の意識が高くないと、ある特定の状況の意味をより深く理解することは出来ない(Reason, 1988)。その状況にいる人にとって当たり前と思われることのなかにこそ、新しい発見があるのだが、それは研究者の洞察力を高めることにより見いだすことができると言えよう。さらに、共同で研究を進めていく能力、研究対象からデータを集める能力、様々な意見をまとめて事例を構成していく能力がシステマチックに質的研究を押し進めていくことにつながる。このように、研究者の意識の高さは、質的研究の評価にとって重要な基準となる。

倫理に関する基準

　倫理の問題は量的研究においてあまり議論されていないが、研究におけるインフォームド・コンセント、匿名性、人権などの問題は考慮されなければならない。とくに質的研究における倫理は重要な課題と見なされており、どのように対処したかが研究の質の高さに関係してくる。ウォーカー(Walker, 1980)は研究者が事例研究をするときに考慮すべき倫理問題を次の五つにまとめている。

(1)　研究者が研究対象の状況のなかに巻き込まれる問題
(2)　極秘データの取り扱いの問題

(3) データにアクセスしたりコントロールすることについて、立場の違うグループ間の競合に関する問題
(4) 匿名性をどの程度保持するかという問題
(5) 研究者の解釈とデータとの区別がつかなくなる問題

　質的研究では「自然な状態」において観察やインタビューをおこない、データを収集する手法を用いるが、研究者が研究対象と接触することによって本質的に「自然な状態」を荒らすことになるとも言える(Spradley, 1980)。そのため、研究者が「どのように研究対象に関わるべきか」という問題を、研究者は繰り返し内省していくことが大切である。また、研究者がフィールドにはいることで、想定できない長期的な影響を研究対象に与えるかもしれない。予測し得ない影響に対しても、どのように対処していくべきか、倫理的な内容も明らかにしておく必要がある。さらに、研究者の属する集団の価値や地位により、「何が重要」で、「何が不要」かという判断のフィルターがかかるため、研究者の見方と対立するようなデータは無意識的に除外されることもあり得る。このような問題に研究者はどのように対処してきたか、その過程を明記する必要がある。

　「公正さ」をどのように保つかということにも、難しい倫理上の問題を含んでいる。研究対象のなかに利害を異にするグループが存在し、価値観のぶつかりあいのあるところでデータ収集を行う場合、それぞれの力関係のバランスを考慮しながら研究を進めていく必要がある。さらに、収集したデータをどのように利用し、公表していくかという問題は非常に微妙である。研究者として公正さをどのように達成してきたかという

点を記録に留め、明示する必要がある。

　結局、倫理問題に取り組む基本的な姿勢とは、「人間として研究過程に関わる」ということである。「唯一の真実」という存在を質的研究では受け入れない以上、研究者のもっている偏見や視点を議論の遡上に載せ、研究者自身の立場を明確に示し、研究過程でどのような倫理上の手続きをとったかを詳細に記述し、読み手が判断できるような材料として提示しなければならない。

研究対象との関わりについての基準

　質的研究において、研究者は研究対象との絶え間ない相互作用を通じて、研究対象についての理解を深めていく。第一の過程では、研究対象からデータを集め、整理し、解釈を加えてフィードバックをする。次に、フィードバックを受けた人たちの反応を見て、データの再解釈をして、より洗練された内容に練り上げていく。この相互作用のプロセスを記述し、研究対象となった人々がどのように変化してきたか明らかにすることにより、読み手に研究過程に関する判断材料を示すことができる。たとえば、相手を忌み嫌ったり、嫌悪感を抱くような対立的な関係にあった人たちが、たとえ共に賛成するとか、同意するというところまで意識が変わらなくとも、相互作用のプロセスを通じて相手の考え方をそれなりに理解し、評価することができるようになったとしたら、研究成果と見なしても良いだろう。

　また、研究成果をもとに教育状況を改善するための行動を起こすことも、研究対象との関わりを示す上で重要な指標となるだろう。この基準

は、アクションリサーチなど具体的なアクションを起こし改善を図ることが主な目的となる質的研究に当てはまる。さらに、研究成果をもとに行動を起こすだけではなく、研究対象となった人々がどのようにエンパワーされたかということも研究対象との関わりを知る上で重要である。研究過程で、中間報告として研究対象にフィードバックすることで研究対象がエンパワーされ、行動につながる自信をつけたり、あるいは何らかの恩恵を受けられたかどうかを確認する必要がある。

多様な評価

　質的研究を評価する上での四つの基本的な考え方について概略したが、このような基準がすべての質的研究を評価するときに必要であるというわけではない。量的研究と比べ、質的研究の手法は多様であり、そのめざすところもさまざまである(Eisner & Peshkin, 1990)。そのため、研究者はどのように自分の研究成果について自己評価をしているのか、研究成果をどのように利用してもらいたいのかをも含めて研究論文に記述すべきである。構成主義パラダイムの前提である「多様な真実」のとらえ方そのものが、質的研究の評価を決めているといってもよい。その意味で、これらの四つの考え方は、厳格な基準というよりも、理解のためのガイドラインとしての役割を果たすと考えるべきであろう。

3　教育工学における質的研究

　どのような研究が妥当性をもち、信頼に足るものであるかという判断は、社会的に構成されたものである。この判断は量的研究においては

第4章 質的研究の評価基準

「良さの基準」として確立されてきたが、教育工学分野の質的研究においては共通の合意事項としてまだ十分に確立されてるとは言えない。しかし、量的研究の評価基準の枠をゆるめることで、質的研究を学会誌に記載していこうと考えるならば、それは質的研究は量的研究に比べ劣るものであり、二流のものであるという考え方から抜け出るものではない。質的研究の評価を考えるには、質的研究のパラダイムとしての枠組みがあり、研究を評価する基準も量的研究とは違ったものがあるという考えに基づく必要がある。また、本章では特にふれなかったが、質的研究には、構成主義の他に、フェミニズム研究や批判理論のパラダイムによるものもある(Guba, 1990)。これらの質的研究の特色として、アプローチの多様性をあげることができる。教育プログラムやプロジェクトレベルの事例研究から、教室内の教師と生徒のやりとりを研究する会話分析、教師が自己の教育方法を改善するためのアクション・リサーチ、教育ソフトのインターフェースを改善するためのプロトコル分析など、さまざまな質的研究が教育工学分野にはある。これらの研究に対して一元的な評価基準をあてはめようとする考えは、絶対的な基準を設定することで評価を一面的にしてしまう恐れがある。構成主義で見られる多様な研究方法や考え方を広く受け入れながら共同で研究成果を構成していく過程を考えれば、一律の基準はかえって障害になる。質的研究の「質」を見るための基準は「絶対の物差し」ではなく、あくまでガイドラインとして緩やかな視点で判断する必要があるだろう。

　教育工学の領域は学際的であり、これからもさまざまな学問領域を取り込む努力をすることにより発展していくと捉えるのならば、このよう

な新しい「評価基準」を柔軟に取り込んでいく姿勢を持つことが必要であろう。教育を取り巻く種々のパラダイムを認め、それぞれのパラダイムの違いを相互に評価(appreciate)しあうことは、新しい視点や考え方が生まれる土壌を作る。そのためにも、さまざまなパラダイムの相違点と共通点を明確にし、議論を進めていくための努力をしたい。もしそのような努力がなされるならば、自分とは違うパラダイムの前提を相互に認め合い、違うパラダイムで研究をおこなった成果をも的確に評価でき、学会誌にも積極的に記載していくことができるだろう。

また、研究者たちは新しい基準を受け入れることで安住してしまうのではなく、常にどのような基準が適切であるか自己に問いかける姿勢を持つことが大切である。教育実践を改善していくためには、研究者たちのこのような内省的な問いかけが必要であり、それが教育工学分野で大きな役割を果たしていくことになるのだろう。

(注1) 道具(instrument)とはアンケートやチェックリスト、テストなどデータ収集をするためのものである。質的研究においては、このような研究者と研究対象の間に入る道具を使わず、研究者自身が直接、研究対象に関わり、参与観察やインタビューなどの相互作用を通じてデータ収集をおこなう。
(注2) 研究者が研究対象のいる場所に入り込むという意味では、自然な状態とはいえないが、量的研究のように実験的な状況を作って研究をおこなわないという意味で「自然な状態(naturalistic)」である。

第5章　インターネットを活用した学習環境デザイン

　インターネットの急速な普及により、多くの大学で自前のサーバーを設置し、ホームページを開設するようになってきた。大学内のコンピュータ・ネットワーク環境が整備され、学生たちは自分のアカウントを持つようになり、電子メールでやりとりをするようになった。インターネットは世界中のサーバーが網の目状につながったネットワークであり、それを利用することで世界中の人々と知り合うことができる開かれたコミュニケーションを作ることができる。このようなインターネットの特徴を生かし、世界のさまざまな地域の人々とコミュニケーションをはかる活動を通じて、それらの地域の問題点を知り、国際状況や文化を理解していくことが出来るとしたら、新しい教育活動として、もっと注目しても良いのではないだろうか。しかしながら、遠隔地の人間同士がインターネットを介して相互理解をしていくような教育上の試みはまだ始まったばかりである。

　そこで第5章では、インターネットを利用し、遠隔地や外国の大学、研修機関との間でおこなった交流活動を報告するとともに、これからの教育活動でインターネットをどのように取り入れて行くべきか指針を提示することを試みたい。

この活動では、私のゼミの学生が、2年にわたり、アメリカ、メキシコ、札幌の学生と、また、日本に滞在中の海外技術研修員との間でインターネットを介して交流した。ゼミでおこなった交流活動の目標は、次の二点である。第一に、インターネットのような外につながるネットワークを利用して、学外、とくに遠隔地や異文化の人々とコミュニケーションをはかることで、学生たちがグローバルな視点をもって思考出来るようになり、異文化を理解していく力が見につくこと。第二に、インターネットを自分の生活に取り入れ、有効に活用する力を身につけること。

　教室のなかの閉じた世界でおこなわれる教育、つまり知識注入型の教育では、このような目標を達成することは難しい。なぜなら、このような交流活動に参加するためには、学生自らが主体的に行動し、協力しあい、体験していくことが求められるからである。そこで第5章では、これまでの章で論述した構成主義の教育理論を実際のゼミ活動に取り入れ、インターネットというメディアを介した交流がどこまで、本物の学習として位置づけることができるか実践をした活動について報告する。そして、新しい学習観をこのような交流活動に埋め込むためには、どのような学習環境をデザインするするべきか、そのガイドラインを提示する。

1　事例：ゼミのインターネット活動

ゼミにおけるインターネット利用

　ここで取り上げる事例は、関西大学における私の担当するゼミでの活動である。私の担当するゼミでは「グローバル・イシューとコミュニケーション」をテーマに、地球規模の課題をコミュニケーションの視点で

第5章　インターネットを活用した学習環境のデザイン

捉え直すことを目標にしている。環境、開発、教育、貧困などさまざまな地球規模の課題があるが、これらの課題へ学生一人一人が、主体的な選択を通して関わっていくプロセスを大切にしたいと考えている。その一つの試みとして、最近関心が高まってきたグローバル教育、国際理解教育の教育方法を導入し、参加型のワークシップでゲームやシュミレーションを取り入れたり、テーマ別にディベートをおこなったりしている。グローバルな課題に取り組むためには、教室という閉じた空間で勉強するのではなく、外の世界とつながり、外の世界に向かった活動として、実践的な行動を起こしていくことが重要である。その一つの試みとして、インターネットを通じて、遠隔地や異文化の人たちとコミュニケーションをおこなってきた。

　このような教育実践は、知識を伝達することを重視する教育方法ではなく、学生の「こだわり」をもとに、学生自身がそのこだわりを大切にし、発展していくプロセスを重視している。そのためには、問題提起をする力、情報を収集、整理、分析する力、発信する力、自分の活動を客観的に見直す力を身につけ、共同で一つの目標に向かい、協力し合いながら達成していくような活動が出来るように支援をする。このような学習環境での教員の役割は、うまく教えることよりも、参加を促すために学生たちの役割を仕分けることにあると考える。「新しい学び」は、問題を提起し、解決するためのプロセスを大切にする。そのためには多様性を保ちつつ、ゼミとしての共同体作りをめざした。

　ゼミ生のこれまでの活動では、オープンキャンパスにおける模擬店の出店、グローバル・イシューに関するディベートや討論、海外研修員

（注1）との交流をおこなってきた。さらに、第三世界を理解する足がかりとしてフィリピンやインドへのゼミ旅行を実施し、帰国後、国際理解を促進するためフィリピンについての発表会を一般の人々を対象におこなった。また、近くの高校へ出かけ、国際理解教育の一環として高校生を対象としたワークショップもおこなってきた。外部の人々とのつながりを重視し、学外の人を招いてゼミの時間に話をしてもらう機会を持つとともに、学外の勉強会やボランティア活動に積極的に参加することの重要性を強調した。

コンピュータ・ネットワークを利用したコミュニケーションも、ゼミ活動の一部として、実践的に活用してきた。「インターネットが世界に広がっている」という話しを教室で教員が学生に向かって一方的に講義しても、それが現実の「インターネット」とどのようなつながりがあるのか理解しにくい。それよりも実際にインターネットを使っていろいろな問題にぶつかったときに、はじめて講義と自分の体験がつながるのである。ゼミでは、まず体験させてみることから始めた。体験を通していろいろな問題にぶつかってこそ、本を読んだり人の話を聞こうという気になる。インターネットをゼミ内で日常的に利用するために、メーリングリストを使い、連絡をとる。そうすることで毎日メールを見ないとゼミの活動についていけなくなる。ゼミの活動以外にもおもしろい情報を学生同士交換し始め、学生たちは電子メールの便利さを体験する。インターネットで外へつなげるためには、このようなゼミ内での日常的なコミュニケーションがおこなわれるという前提のもとで、外部の人たちとのコミュニケーションにつなげていかないと意味のある活動はできない

第5章　インターネットを活用した学習環境のデザイン

と考えた。

インターネットによる交流活動

　1995年秋学期から1997年春学期までの間、ゼミ生がインターネットを利用しておこなった交流活動の概要を表5－1に示した。交流は、ハワイの学生から始まり、札幌、沖縄、米国コネチカット、メキシコと幅広くおこなってきた。電子メールがインターネットの主なツールであったが、ビデオ会議、ウェッブページなど双方が利用できるツールは積極的に利用するように努めた。

表5－1：インターネット交流活動の概要

交流相手	時期	ゼミ生参加数	利用したツール	活動概要
ハワイ大学、ウィンドワード・コミュニティカレッジ	95年秋学期	20人	電子メール、テレビ会議	グループを作り、自由に電子メールを使って交流する。最後にビデオ会議をおこなう。
札幌学院大学	96年春学期	21人	郵便を利用した自己紹介用紙、電子メール、ビデオ会議	グループ別に課題を設定し、協同で調査をおこなう。
JICA沖縄国際センター	96年春学期、97年春学期	25人	電子メール、ビデオ会議、ウェッブページ	研修員の関西大学訪問の前後にインターネットを利用した交流。訪問時にウェッブページの講習を開く。
ハワイ大学、ウィンドワード・コミュニティカレッジ	96年秋学期	15人	電子メール、ウェッブページを使ったアンケート	グループ別に課題を設定し、メーリングリストを使ってディスカッションをする。
コネチカット州立大学	96年秋学期	7人	電子メール	ビジネスのコースを受講している学生と事例研究についてメールで議論をする。
メキシコ・モンテレー工科大学	97年春学期	5人	ビデオテープ、電子メール	事前に相手校の学生の作ったビデオを見る。自由な交流。

① ハワイ大学とウィンドワード・コミュニティカレッジ（1995年秋学期）

　ハワイ大学人的資源学部とウィンドワード・コミュニティカレッジ（WCC）の日本語クラスの学生との交流では、関西大学の20人（2年生）の学生が参加し、電子メールとビデオ会議での交流をおこなった。参加学生にとって、インターネットを通じた海外の学生たちとの交流は初めてでもあり、皆期待して望んだ。しかし、学生たちはこの時点では、電子メールの使い方は学んでいたが、日常的に利用していなかった。この交流活動への参加がきっかけとなりで、学生たちは一日一度はコンピュータにアクセスするようになった。

　事前に双方の教員が、各校から学生1名ずつを選び、3名1組のグループを編成し、メール交換はこのグループの中でおこなうことにした。最初は、アドレスのスペルの打ち間違いで相手に届かなかったりしたトラブルがあったが、なんとか自己紹介をすることからメール交換を始めることができた。

　事前に相手の名前を知らされただけで電子メールの交換が始まったわけだが、相手がどのような人か分からないため、電子メールの文字情報だけのコミュニケーションに戸惑いが見られた。学生からは、相手の顔が見えないために、コミュニケーションがとりにくい、話題を見つけにくいという感想があった。

> はじめはお互い、相手を知りたいという気持ちが強かったせいか、1日に2度もメールを送ったが、しばらくすると、その回数も減ってしまっ

第5章　インターネットを活用した学習環境のデザイン

た。意気投合するようなこともなかったし、話が発展していくこともなかったので、表面的な話が多かったからだと思う。(学生の感想文より)

　英語で表現するもどかしさとともに、相手が見えないままにコミュニケーションをすることのむずかしさがあったと、学生は事後の感想で述べていた。また、非常に交流が活発で楽しかったというグループと、メールを出してもあまり返事がこないので次第にとぎれてしまったグループとがあり、活動にばらつきが見られた。

②　札幌学院大学（1996年春学期）

　前回の交流活動で、英語でメールを交換する難しさの問題と、メールの交換がとぎれがちであったという反省をもとに、今度は国内の遠隔地である札幌の学生との間でゼミ同士の交流活動をすることにした。相手の学生は札幌学院大学社会情報学部に所属し、総合情報学部の学生と興味・関心を共有することができるのではないかと思われた。加えて、日本語でやりとりするので、より円滑なコミュニケーションが出来るのではないかと期待した。

　ハワイとの交流では、事前に何の情報も与えられないままにハワイの学生と電子メールの交換をしたが、今回は事前に自己紹介の用紙を郵送し、メール交換する前に互いに、相手の趣味や関心などを紹介しあった。また、ゼミ同士の交流ということで、自由にメール交換するよりは、課題を決めて地域の違いを学ぶことができればよいと思った。交流の内容をレポートにまとめ、提出してもらうような形にすれば、交流も実りの

あるものになるだろうと考え、テーマ毎に5つのグループを作った。札幌側の学生はこれまで電子メールを利用したことはなく、この交流を始めるにあたってインターネットや電子メールなどの基礎知識をまず身につける必要があった。一方、関西側の学生は、最初の交流プロジェクトに参加した学生の中から7名（ゼミ総数の約3分の1にあたる）が、ゼミに入っていたので、電子メールの利用は習熟していた。そのため関西側の学生が主導し、どのような運営がよりよいコミュニケーションにつながるか、関心のあるテーマを選び出し、札幌側に選んでもらう形を取った。「アイヌと人権」問題など、とくに北海道と関連のあるテーマを選んだ学生もいたが、双方の学生が気楽に話し合えるテーマがコミュニケーションをスムーズにするのでは、という札幌側の教員からのアドバイスをもらい、双方で関心の持てそうなテーマにした。関西側での話し合いの結果、表5－2のようなテーマに決まり、人数が均等になるようにグループ分けをおこなった。実際にメールの交換が始まったのは、5月中旬で夏休みまでの1カ月余りしか、実質の交流期間はなかった。

表5－2：グループ別のテーマ設定

テーマ	関西大20名	札幌学院大20名	合計
アフタースクールの生活	4名	4名	8名
冠婚葬祭	3名	4名	7名
観光に関する問題	4名	4名	8名
食べ物・イメージ	5名	4名	9名
ことばの違い	4名	4名	8名

第5章　インターネットを活用した学習環境のデザイン

　このように交流は関西側の主導で始まり、学生たちはグループ別のテーマに基づき、レポートを提出しなければならなかった。そのため、札幌と関西の違いを浮き彫りにできるようなアンケート調査をしたい、と関西側の学生が提案した。しかしながら、札幌側は、インターネットを利用したコミュニケーションがどのようなものになるか十分な理解をするまえに、関西側から具体的な指示を与えられたため、かなりの戸惑いが見られた。次に示す電子メールの内容から課題をどのように進めるか、関西と札幌の間の意識のずれを読みとることができる。

　＜関西側の学生から札幌宛のメール＞
　Date: Tue, 04 Jun 1996 16:05:02 +0900
　Subject: hello
　こんにちは。さっそくお返事ありがとうございました。

　さて、次回はすこし時間と労力をともなうテーマです。
　前回わたしたちが、行なったイメージと食べ物について、規模を拡大したいとおもいます。私たちは関西大学の学生に以下のことをアンケートします。

　１大阪のイメージについて
　２北海道のイメージについて
　３大阪のたべもののイメージについて
　４北海道のたべもののイメージについて

　以上を、そちらの学生にも実施してほしいと思います。これらのデータを最後のまとめに活用したいと思います。

期限は6月12日まで。しんどいですが、頑張りましょう。
わたしたちと同じ結果がでたらおもしろいですね。

いいわすれました。人数はだいたい30人くらいにアクセスしてください。
できる限りで結構です。

　関西主導のこの課題への取り組みについて、札幌側の学生は、いったい関西側の学生が何をしようとしているのか、十分に理解できないようであった。

　　＜札幌側の学生から関西宛のメール＞
　　Date: Wed, 5 Jun 1996 14:02:51 +0900
　　Subject: はぁ？

　　メール読みました。　なんだかよく意味がわかりません。
　　すすむのが、早いのか遅いのか。もっとわかりやすくおしえてください。
　　なにがどうなってんのか、イマイチ私には理解できない。
　　なんでアンケートとるの？　誰にとるの？
　　まぁ、このメールもイマイチよくわかんないけど。
　　さよなら。

　この札幌からの返事に対して、関西側の学生は、札幌側の学生の課題に取り組む意識の違いに驚いたようだ。関西側の学生は、十分なコミュニケーションをとる必要があると感じたが、とにかく期限内に課題をこなすには、アンケートをしてほしいと要望していた。

第5章　インターネットを活用した学習環境のデザイン

＜関西側の学生から札幌宛のメール＞
Subject: Re: はぁ？
Date: Thu, 06 Jun 1996 10:46:27 +0900

こんにちは。
意味がわからないとのことなので、説明します。
私たちがメールを交換するのには、期限があります。それは6月いっぱいということです。そして、プロジェクト終了後には、レポートを作成する義務があります。その時に、資料が必要かと思い、アンケートによるデータ収集を考えたわけです。

アンケートの対象は、学生です。形式はアットランダムです。私たちだけのデーターでは、比較するのにすくなすぎると思ったからです。

進度は、遅いと思っています。でも、それぞれ別のタスクもたまっています。
だからこれにかかりっきりではできないのが現状です。
期限をこちらでばかり決めて申し訳ありません。

ほかに意見があれば、またメール下さい。

　このメールの後、数通のメールがグループ内で交換されたが、札幌側からはアンケートに関するメールは届かず、アンケートは実施されずに終わってしまった。ほかのグループの交流も札幌側との調整が十分つかず、中途半端な形で時間切れになってしまった。
　札幌側のゼミの教員から「(学生の) メール操作への抵抗、リテラシーに関する教育不足なども考えられるが、最大の原因はインターネット・コミュニケーションが学生にとって単なる「課題」にすぎない。自主

的にやる場面が見られない。(中略)毎回のゼミのほとんどをメール指導に当てたが、グループ形式にしたため返答の責任をひとりに押しつけ、他のことをしていた」と悲痛なメールが届いた。

　この交流では、電子メールの利用度の違いが、返事への期待度の違いとなってあらわれた。関西側はメーリングリストを使い、ゼミ内のコミュニケーションを日常的におこなっているため、ほぼ毎日メールボックスを点検する習慣がついている。それに対して札幌側は、主に週1回のゼミの時間にコンピュータを利用する。日常的に利用している学生にとって、出した電子メールの返事が2、3日後になると非常に遅く感じる。ところが週1回しか札幌から返事が返ってこないため、課題をこなす進度に差ができてしまった。そのため、関西側の学生はこちらががんばっているのに相手は答えてくれない、という失望感を持つようになった。一方、札幌側の学生にしてみると、ゼミでやらされている課題という意識から、とにかく終わらせて後は自分の好きなことをしたいという気持ちが強かったのだろう。関西側からアンケート調査などの依頼があっても、積極的に取り組む気持ちにはなれなかった。やってもらいたいことばかり、期限付きで送られても、いったい何のためにやっているのだろうか意味が分からないままに、関西側の学生の調査を手伝わされているといういやな感じを抱いたのだろう。

　電子メールによる交流活動において、週に1回だけ決められた時間にコンピュータにアクセスしても、なかなかインターネットの便利さや利点は実感できない。ハワイとの交流の時、送ったメールの返事を数十分後に受け取った時の感動を学生は感想文の中で述べていたが、そのよう

第5章 インターネットを活用した学習環境のデザイン

な体験をするためには、双方の学生がコンピュータの前にいる必要がある。そのためには、交流活動以外にもコンピュータを利用しなければならない課題や実習が必要である。課題や実習の合間に学生たちはメールを送ったり、受け取ったりするからだ。札幌側の学生にとって、コンピュータを利用することは、このメール交換をする以外にはなかったようだ。メールを見るだけのためにはわざわざコンピュータ教室まで出かける気にならないのは当然であろう。まだメールを介した交流がどのようなものかという具体的なイメージがないままに、相手の学生からあれこれと指示を受けたのでは、対等な交流というよりも、相手の課題をこなすための道具的な位置付けに腹立ちを覚え、拒否反応を示したのであろう。時期的にも短く、メールの交換も頻繁にはおこなわれなかったため、このようなずれを修正することもメールだけでは難しかったように思える。

③ JICA沖縄国際センター（1996年4月、1997年4月、7月）

　JICA沖縄国際センターは、第三世界の人たちを技術研修員として受け入れている日本のセンターである。このセンターの研修コースの一つに、メディア制作について研修する視聴覚技術コースがある。このコースは4カ月の研修を年に3回実施し、1回に10数名の研修員を受け入れている。研修員は中南米、アフリカ、アジアの地域から来日し、メディア制作に関わる理論や実習を研修する。コースの研修の一環として、研修旅行が組まれており、日本のメディア制作や展示に関わるさまざまな施設を見学することになっている。関西大学総合情報学部はこの研修旅行の見学に含まれており、1996年、1997年には計3回の訪問があった。

この関西大学への見学は、普段外国人と接したことのない学生にとってよい機会であると考え、見学受け入れの計画、実施をゼミの学生に担当させた。まず、学生たちはそれぞれの担当国を決め、事前に見学者の出身国について調査をし、担当国に関する理解を深めた。ブータン、ベリーズ、ブルキナファソという国などは、ほとんどの学生にとって初めて聞く国であり、インターネットや図書室を利用し、調査した。1996年4月に研修員が訪問した際には、ゼミ生が学内の案内と共に、ウェッブページ作成の講習会をおこなった。そして夕方は、夕食会を兼ねた交流会を催し、交流を深めた。その後、沖縄国際センターとの間で電子メールでの交流を1カ月程度おこなった。

　1997年6月の時は、研修員が訪問する前に、沖縄国際センターとの間でビデオ会議を持ち、インターネットを通じての画像や音声のやりとりをした。しかし、インターネットの回線が十分なものでなく、画質、音声とも満足のいくものではなかった。それでも、このようにインターネットを利用して、相手の顔を確認できたことは、研修員に対する興味と共に、インターネットの可能性を実感できた試みでもあった。見学では同様に交流会を持ち、双方が親しくなった後も、沖縄との間で電子メールによる交流をはかった。知り合った後での、電子メール交流なので学生はおもしろいと感じているが、研修員が帰国するまでの短い時期に限られてしまうのが残念であった。

④　米国ハワイ大学、ウィンドワード・コミュニティ・カレッジ（1996年秋学期）

第 5 章　インターネットを活用した学習環境のデザイン

　前述のように札幌との交流は学生にとってかなりの失望感があったため、2回目のハワイとの交流を実施するにあたって、どのような交流活動にするべきか、私とハワイの教員の間で何回かのメールのやりとりを事前におこない、双方で納得のいく運営を考えた。前回のハワイとの交流においてもグループによって交流の内容にばらつきがあり、うまくいったグループは毎日のようにメール交換がおこなわれたが、うまくいかなかったグループは数回の交流で終わってしまった。より内容の濃いものにするため、今回はテーマを設け、それぞれのテーマにそった意見交換をすることになった。ハワイ側は、学生全員がそれぞれ交流で得たことをもとにレポートを提出することが義務づけられた。関西側は、札幌との間の交流でレポートを作成できなかったという失敗感があり、電子メールの記録と交流についての感想文の提出だけにとどめた。今回はまず、ハワイ側が関心のあるテーマをいくつか挙げ、関西側がいくつか選び、調整をおこなったが、関心にばらつきがあり、表5－3に示すようにグループ・サイズがテーマによって大きく異なる結果になった。

表5－3：グループ別テーマ設定

テーマ	日本側16名	ハワイ側30名	合計
インターネットと学校	2名	2名	4名
異文化コミュニケーション	2名	6名	8名
女性の労働	2名	2名	4名
リサイクル問題	1名	3名	4名
学校や家庭における学生のプレッシャー	5名	12名	17名
麻薬問題	3名	5名	8名

テーマについての話し合いの方法は、電子メールを送る際にグループ全員のアドレスを記入することで、グループ内の話し合いを共有するかたちをとった。メール交換の回数は、それぞれのグループによりかなりばらつきがあり、人数の少ないグループはこまめに交換をおこなっていたが、大人数のグループでは頻繁に送る人と全く送らずただ見ているだけという人に分かれてしまった。また、話し合いの方向付けをどのようにするか、最初戸惑いが見られたが、ほとんどのグループではリーダー的な役割をする人がハワイ側に現れ、具体的に日程や話題の提供の仕方を決めて、テーマを深めることができるように努力していた。

交流後に学生から感想を求めたが、よかったというグループと、うまくいかなかったというグループに大きく分かれた。

よかったという学生は、次のように述べている。

- テーマが適切で話し合いが興味の持てるものであった。
- 私たちのグループは麻薬についての話し合いであったが、ハワイと日本の間で問題意識が大きく違い、アメリカの学生からいろいろな麻薬に関する意見を聞けたのはおもしろかった。
- 具体的で、実際の内容についての意見交換は、実践的な英語の勉強になった。
- 最初のメールは辞書を使ってきれいな文章でというプレッシャーがあってそれほど頻繁ではありませんでしたが、2、3回とかさねるうちにメール交換がとても楽しくなり、次第にはまっていきました。
- 言葉が違うもの同士の間でコミュニケーションがとれるという自信がついた。封書とは違って、即答のようなかたちでスムーズに応答することができるため、やりだしたらおもしろいプロジェクトであった。

第5章 インターネットを活用した学習環境のデザイン

一方、どうもうまく行かなかった学生の感想は以下のようである。

- 人数が次第に増えてきて、誰とメール交換をしているのか分からなくなった。
- 文化祭期間中にハワイ側で話が進み、1週間後にメールを開けると英文があふれていて、全部読み理解をする限界を超えていた。
- 相手のやる気に対してついていけなかった。そして、相手側の人数が多すぎたため、処理しきれないほどのメールが送られてくる。
- 毎日名前も覚えられないほどたくさんの人から返ってくるメールを見るたびに、つらくなっていった。人数が多すぎて誰と交換しているのか分からなくなった。グループに対してメールが送られるため、名指しで返ってくるメールが少ないので参加意識も薄れてきた。学園祭でこちらが休みの間、ハワイ側だけでディスカッションが進んで、休み明けにはすでについていけなかった。

　成功したグループは、トピックが双方にとって話しやすいだけでなく、情報を提供しやすい内容であったようだ。グループの人数も多くなく、互いに名前を呼び合い意見交換をすることができたので、参加意識も高まった。それに対し、うまく行かなかったグループは、参加人数が多すぎ、ひとりひとりを確認するだけの余裕がなかった。文化祭で1週間の休暇になり、学生たちは投稿しなかったため、ハワイ側でどんどん話が進み、日米の比較をする話しよりも、ハワイ側だけの議論に終始し、関西側の学生がいったん話題に乗り遅れると、ついていくことができなくなってしまった。とくに英語で書かれているため、毎日送られてくるメールを読むだけでも大きな負担となり、返事を書くまでの余裕を持つことができなかったようだ。

ハワイ側の学生にしてみると、課題提出はかなりのプレッシャーとなっていたようで、日本側からの情報をほしいと強く感じていたにも関わらず、日本側からはメールが送られてこないために不満に感じていた。それに対し、関西側のある学生はあまりのメールの量の多さに、メールボックスをあけるのが恐怖だったと感想を述べていた。しかし、ハワイ側の学生にしてみると、関西側の学生の参加意識が低いのではないかと映ったようだ。

⑤　**米国コネチカット州立大学（1996年秋学期）**

　コネチカット州立大学では、最新の機器を備え付けた教室を開発し、インターネットを利用して外国の大学と交流しようと相手を捜していた。この大学の教員から、電子メールによる事例研究をやりたいというファックスを受け取ったが、10月を過ぎており、今から希望者を集めるのも難しいと思った。事例はビジネスに関することで、相手の希望は異文化の学生同士が同じ事例を読み、話し合いをすることで視野が広がるのではないかという要望であった。

　そこで、10月半ばには2年生を対象に3年次のゼミ募集をおこない、16名が確定したので、その中で希望者を募っておこなうことにした。2年生にとっても外国人とのメールを通じての交流ははじめてでもあり、興味を持って参加する有志の学生が7名ほどいた。

　コネチカット側は経営学の授業の一環として事例研究をするもので、内容はダイレクトメールによる布地の販売にどのような割引をすることで利益を増やすことができるだろうかというものである。コネチカット側が30名の学生に比べ、関西側は7名しかいなかったため、7つの

第5章 インターネットを活用した学習環境のデザイン

グループに関西側の学生を1人ずつ配置した。最初に関西側の学生がコネチカットに自己紹介のメールを送り、交流が始まった。その後、コネチカット側は事例を分析し、帰無仮説と対立仮説を立てた内容のものを関西側に送ってきた。しかし、関西側の学生は推測統計学の知識がなく、コネチカット側がどのように仮説を設定したか、理解できないようであった。また、関西側の学生は分析手法も推測統計学の方法ではなく、自分なりに考えた方法を提示したので、コネチカット側のやり方とのずれを感じたようだ。さらに、事例分析だけでなく、より親しみのある関係を作ろうと努力したようであったが、相手側からは分析の結果のみが送られ、親しみが感じられなかったことも、あまりうまく行かなかったと考えた原因のようだ。以下に、学生の感想をいくつか挙げる。

- 彼らは授業等で分析を行っているせいか、プライベートな話にはいっさい触れず、コミュニケーションに乏しいと感じました。
- 相手がかなり、課題にこだわっている気がして、最初は、私もラフな話し方をしないようにしていたが、せっかくやっているのなら、楽しい方がよいと思って少し課題以外のことも送ってみた。(中略)このようなメール上では親近感がもちにくく、コミュニケーションが成り立ちにくいと思った。
- 説明をしてほしい、といってもなかなか返事がこないので、やっときたら頼んでいた説明は全くなく、相手の意見のみが書かれていたということもありました。メールの間隔があいてしまっていることと英語であるということのせいでやりとりがキャッチボールにならず全くの一方通行でした。
- (相手は)まず仮説を立てて分析を開始しました。(中略)何とも簡潔で分析した形跡もないメールに少し腹立たしかったものです。私

は、分析した経過とその結果を計算式を交え、違いは大いにあると彼らの意見に反対しました。意見が違う、ということはこれからの討論が楽しくなりそうだ、と思いましたが、結局返事は「その通りです」といった内容であっさり賛成され、正直いってがっかりしました。

　学期途中からはじめた交流のため、実質の期間は1カ月ほどで、メール交換も3、4通程度であった。コネチカット側は授業中に事例について議論し、その結果だけをメールに書いて送ってくるため、関西側の学生にとっては、メールを送ってもすぐに返事がこないとか、こちらの質問に答えずに、向こうの話し合いの結果だけを送ってきたという不満にもつながった。

　交流のあとコネチカットの教員から、異文化の学生（注2）とともに事例を議論したことは、分析に役立ったというメールを受け取った。学生のレポートもこれまでのものと比べ、非常によく出来ているので、もう一度実施したいという主旨であった。しかし、私としては、関西側の学生はメールによるコミュニケーションがスムーズに行かなかったと感じているので、もし、もう一度するのならば、どのような方法でおこなうかきちんとした取り決めが事前に必要であると返事を書いた。

4.6　メキシコ・モンテレー工科大学（1997年春学期）

　これまで、英語を母国語とする学生との間で交流をしてきたが、英語を母国語としない国の学生との交流は、相互に英語の勉強にもなるし、英語に対するコンプレックスも感じないのではないかと考え、メキシコ

第5章　インターネットを活用した学習環境のデザイン

市にある大学（Instituto Tecnologico de Estudios de Monterrey）の3年生との交流を企画した。メキシコ側の学生はメディア制作を専門とし、学生が作ったビデオ作品を入手していたので、事前に関西側の学生に見せ、メキシコの大学生活をイメージしてもらった。また、専門領域も近いので話題もあうのではないかと思われた。メキシコ側の学生にとってメール交換ははじめての試みであり、学期のスケジュールもずれていたため、ゼミの希望者のみの自由な交流とし、ゼミの中で有志を募ったら4年生から2名、3年生から3名が参加した。

　2名の4年生は、1995年秋学期のハワイとの交流から参加をし、これまで電子メールやビデオ会議の交流に強い関心を示していた。彼女たちは交流のあとハワイへ、1名は1度、もう1名は2度出かけ、メールの交流相手と実際に会ってきた。また、そのうちの1名は札幌に出かけたとき、札幌学院大の教師と学生にも会っていた。また、ハワイの学生が日本に来た時にも大阪で会っている。この2名の学生は、メール交換のあと実際に相手と会うというおもしろさを実感し、メール交換をしたあとはぜひ会いに行きたいと考えるようになった。メキシコとのメール交換もはじめる前に、相手との交流がうまくいったらぜひ会いに行きたいという強い希望を持っていた。このような具体的な目標がある学生は、交流に対する意気込みが違っていた。

　参加した3年生は、電子メールによる交流によってメキシコ人に対するステレオタイプを取り除くことが出来たと報告している。

　さまざまな国や地域の人に対して、共通の意識というかステレオタイプ

をもつことはよくあり、一般的に"南米の人は陽気である"というステレオタイプがあると思います。私もメールプロジェクトを始めるまでは、メキシコの人はいつもアミーゴって感じで陽気なのかなと思っていました。しかし、メールでは私の質問に詳しく答えてくれたり、私が軽い気持ちで書いたことに親身にアドバイスをしてくれたりしたことに、私は非常に感激しました。やはりコミュニケーションをとることによって画一的な考えが正されていくものだと実感しました。（3年生の感想文より）

このように、交流の相手が送られたメールに対して積極的に返事をくれると、より深い関係を築くことができる。しかし、具体的な目標を設定しない場合、一般にメールの交流は、最初の自己紹介のあと次第にとぎれがちになるようだ。これは最初のハワイとの交流と同様の結果である。

とくに、はじめの頃は頻度も多く会話も弾んでいました。（中略）最初は頻繁だった会話も一通りのことを話すと、何を聞こうか、何を話そうか、と考えてしまい、リプライが遠のいてしまったりして、きっと相手もそうなんだろうな、と思ったりしていました。（3年生の感想文より）

母国語が英語でない国の人との交流は、英語に対するコンプレックスもなく、楽しく続けられるという利点はある。しかし、4、5名の学生と交流をしても、最初の挨拶を交わしたあとは、内容が平板になり、ネットワーク上だけの英語を使うことだけを目的としたコミュニケーションでは、関係が深まらいのも事実であろう。

第5章 インターネットを活用した学習環境のデザイン

2 インターネット活用のための学習環境デザイン

2年にわたり電子メールを中心としたインターネットによる交流活動を実施し、電子メールの記録などを集め、学生から参加した感想を面接によって聴取してきた。とくに関心のある学生は、ほとんどの活動に参加をし、卒業研究のテーマとしてインターネットを利用したコミュニケーションのあり方について研究を始めた。大学におけるこのような活動は、教員から学生へ一方的に課題を与えやらせるものではなく、学生を研究プロセスに巻き込み、参加した学生自身が活動をふりかえり、反省をし、次回の交流活動の改善をしていく形をとることが有効であると考える。このように、研究プロジェクトに参加した学生たちを研究の担い手と見なし、学生たちの意見を反映して活動を改善していく方法は、一般に「アクションリサーチ」と呼ばれている。

第2章で述べたように、教育のデザインはこれまで「教授」中心に考えられ、何をどのように教えていくかということに重点が置かれてきた。知識をより分かりやすく教えるためには知識を構造化し、易しいものから順番に教え、次第に難しいものに移っていくことが重要であるといわれてきた。しかしながら、構成主義にそった教育のデザインは、学習者自身の参加の必要性、状況と結びついた知識の大切さをどのように学習環境の中に取り入れるかが重要になってくる。つまり、「教授」のデザインではなく、学習者とそれを取り巻く空間である、「学習環境」のデザインに重点を置くことが大切なのである。本節では、インターネットを活用した学習を支援するために、これまでの体験をもとに、どのよう

なガイドラインにそってデザインをすべきか示していきたい。

① コンピュータ・リテラシー

　メールの送り方、メーリングリスト、メールの保存、リプライの方法、宛先に届かなかったメールの処理方法などの基本的なメール操作の概念を事前に理解しておけば、交流初期のトラブルを防ぐことができる。ハワイとの交流では、アドレスの入力間違いのために相手に届かなかったというミスが何度かあった。学生はポストマスターから送り返されたメールの意味が理解できず、何度も送ってしまった。札幌の学生からも、アドレスが違うことが分からず、何度もメールが送り返され、最後はポストマスターから注意を受けた、という報告があった。また、札幌の学生との交流では、メーリングリストを使っていたが、メーリングリストの概念がよく分からなかったため、返事のメールは送った本人にしかリプライされず、情報が共有できなかったという混乱もおきた。

　電子メール操作の基本を事前に理解しておくことは大切ではあるが、実際にメールを利用してみないとわかりにくい。つまり、「学んだ知識」と「実際に使う状況」が結びついていないからだ。基礎的な間違いを正すためには、交流活動の初期の時点でこのような間違いを早急に把握し、適切な支援をすることが大切であろう。あるいは、学内で電子メールをある程度使いこなすことができるようになってから、外部とのコミュニケーションをすることもトラブルを最小限にとどめる方法である。私のゼミでは、情報交換や伝達にメーリングリストを使っていたので、外部との交流の時にはそれほど混乱を招かなかった。できたら最初の混乱を

第5章 インターネットを活用した学習環境のデザイン

ある程度見越して、2週間くらいはメール送受信の練習も兼ねて、自己紹介などのメールを送りあうくらいの余裕がほしい。

　コンピュータ・リテラシーの必要性が言われているが、単にコンピュータの使い方を学ぶだけではなく、どのようにメール交換をするかといったルールやメール交換における倫理、道徳といったことも含めて、コンピュータ・リテラシーと考えるべきであろう。インターネット上でも、生身の相手との交流で誤解や行き違いなど、対面と同じ問題にぶつかる。

② **インターネットのツール**

　インターネットには、電子メールのほかにネットニュース、ビデオ会議、ウェブページ、FTPなどさまざまなツールがある。今回の交流活動では電子メールが基本のコミュニケーション・ツールであったが、ビデオ会議の利用は相手を視覚的に理解することができるため、適切な時期に導入すれば動機づけとなる。ビデオ会議を実施するためには、コンピュータが直接外部のサーバーにアクセスできる必要があるが、大学によってネットワークの管理規則が違うため、UNIXの利用法をある程度知っていないと使えない場合もある。ハワイ大学やウィンドワード・コミュニティカレッジとの交流の時には、相手の教員はネットワークについての知識を持っていないが、コンピュータ・センターのスタッフがビデオ会議のアレンジをしてくれた。アメリカの大学では、教員と学生は時間を指定し、予定の時間にセンターに行けば、スタッフが支援してくれるシステムになっている。一方、ほとんどの日本の大学ではこのような支援がないため、教員が自力で機器、ソフトの操作をしなければ

ならない。事前に、ネットワークの規則、機器の操作、ソフトの使用法に熟知しておく必要がある。

　ウェブページは、情報収集、発信のツールとして利用できる。ハワイ大学では3校のホームページをリンクし、それぞれの大学の参加者についての概要が分かるウェブページを立ちあげた。さらに、ウェブページを利用して参加者に対してアンケート調査をおこなった。

　関西大学総合情報学部の学生たちはひとりひとりのディレクトリを持ち、2年次の実習時にウェブページの作成方法を学んだ。しかし、ウェブページで有害情報を流さないように、学生は事務室に申請しないと学外に情報発信ができない規則になっている。申請をしてもディレクトリの処理をする必要があるので、ある程度UNIXを理解していないと難しい。UNIXの講義を受講しても、活用しながら理解していかないと、実際に使える知識にはならない。外部に公開するためには、ウェブページを作るときに、保護モードの変更やディレクトリの構造など、互いに教えあいながら学んでいく学習環境が必要である。さらに高度なウェブページを作成するにはHTMLのほかJavaやCGI(Common Gateway Interface)などプログラムの理解も必要になってくる。最近はウェブページ作成ソフトもいくつか開発され、プログラミングを知らなくてもある程度のページは作成できるが、「互いに教えあえる環境作り」はコンピュータ利用を促進するために不可欠である。

③　インターネットへのアクセス

　学生数に見合った十分な数のコンピュータを用意することは、大学で

第5章　インターネットを活用した学習環境のデザイン

インターネットへアクセスするための基本条件である。総合情報学部では十分な数のコンピュータは用意されているが、コンピュータはスタジオ棟のみに配置されているため、交流の初期の頃は「わざわざスタジオ棟まで出かけて、メールを調べるのがめんどくさい」という感想を持つ学生もいた。十分な数のコンピュータを用意するとともに、どこに配置するかもアクセスを容易にする重要な要素である。加えて、コンピュータを自由に利用できる時間を十分にとる必要がある。授業でコンピュータ教室を利用する時間を表示すれば、どの部屋のコンピュータが利用できるか分かりやすい。また、学期の時期によりコンピュータの利用の度合いが変わることも考慮に入れる必要がある。とくに、課題提出の前はコンピュータの利用が急激に高くなる。ハワイ大学の場合、学期末にはレポートを書くためワープロを使う学生が多く、コンピュータ教室は混雑するようである。

　大学においてアクセスがしにくくとも、自宅からメールが送れれば問題はない。アメリカの場合は、電話利用料金も地域内で定額であり、これも利用の促進要因になっている。最近は、日本でも自宅からアクセスできる学生が多くなってきた。インターネットのプロバイダに加入して別のアドレスを取得する学生も出てきた。大学のサーバーはよくダウンするので、プロバイダの方が信頼が置けるという返事であった。しかし、自宅から接続する当初は、文字化けがおきる、うまくモデムが動かないなどトラブルが多く見られた。グループでなるべく、コンピュータ、モデム、ソフトを同じ機種、同じバージョンのものでそろえると、相互に教え合うことができる。学内でしかアクセスができないと、文化祭など

で休みが続くとメールのやりとりができず、コミュニケーションにズレが生じやすい。電子メール利用の利点はいつでもメールが読め、返事を送れることと考えると、自宅のコンピュータからいつでもアクセスできる環境を確保することが望ましい。

④ 時期と期間

　他大学とのコミュニケーションは、学期のスケジュールに合わせておこなう方が、教員からの支援も得やすい。秋学期は、日本、アメリカとも、だいたい9月から12月なので、交流活動をしやすい。また、アメリカでは感謝祭（11月下旬）の時期は中間休みになり、日本でも文化祭の時期は休みになる大学が多いため、大学のコンピュータからメールを送る場合、相手から返事が来ないという問題を考慮する必要がある。春学期は外国と時期が大きく異なるため、双方のスケジュールを合わせるには無理がある。

　学外との交流をはじめておこなう場合、まずインターネットによるコミュニケーションがどのようなものかを実体験することが大切である。とにかく相手と日常的にコミュニケーションをおこない、インターネットの問題点と可能性を理解することが大切だ。そのための期間として2週間から1カ月程度は必要であろう。最初は、単にコミュニケーションをとることができただけで、感動をする学生が多い。しかし、それだけではすぐに話題が続かなくなり、次第に交流の頻度も少なくなっていく。その意味で、インターネットを体験するならば1カ月程度が適当である。目標を設定し、相互に情報を交換し合うとすると、最低でも2カ月くら

第5章　インターネットを活用した学習環境のデザイン

いの期間をみた方がよい。ただし、この場合も日常的にメール交換が出来る環境が前提となる。

⑤　課題の設定

　最初から高い目標を掲げ、学生に課題を課すよりは、まず、自由に交流をして、インターネットを介したコミュニケーションとはどのようなものであるか体験させることが大切である。前にも述べたが、このようなコミュニケーションは、一般に話題が続かなくなるので、短期間で終了するとよい。短期で終了しても、電子メールに関心のでてきた学生で、交流相手との関係が深まれば、自主的にメール交換がおこなわれる。また、インターネット・コミュニケーションを理解するようになれば、次の交流をどのような形で持ちたいか学生の方から意見がでてくる。

　コネチカットとの交流は最初から、課題を決めて交流したため、課題の内容についての議論だけに終わってしまい、関西側の学生にとっては、おもしろくない交流になってしまった。短期間でよいから、相互に自由に交流を持ち、自己紹介から始まり、日常的な会話を交換できることが最初は重要である。

　課題を設定して交流をする場合、かなり密度の濃いコミュニケーションが必要である。なぜこのテーマにしたのか、テーマを立て目標を設定する意義は何か、どのような活動が求められるか、相互に集めなければならない情報は何か、集めた情報をどのように加工し、相互に議論を深めるか、結果をどのようにまとめるか。このような内容を電子メールのみでコミュニケーションするためには、かなりのコミュニケーション能

力が求められる。

　札幌との交流では、テーマを関西側で一方的に設定してしまったため、札幌側の学生は関西側の学生に使われていると感じてしまった。誤解を解くためには、より頻繁なコミュニケーションが必要であるが、相手からの返事が少ないため、相互理解が深まらなかった。2回目のハワイとの交流では、逆のことが起こった。ハワイ側はレポート提出である程度まとまったデータを集めなくてはと焦っていたが、日本側は膨大なメールの量に圧倒され、返事を書くどころか読むこともできない学生が出てきた。テーマ設定をしての交流は、事前に十分に目標や手順についての合意を形成することが大切である。交流の過程でコミュニケーション・ギャップは必ず起きるものであると見越し、そのギャップを交流のプロセスで解消していくにはどうしたらよいか注意を向ける必要があろう。

⑥　**使用言語**

　インターネットを利用した交流の魅力の一つに、英語を使ったコミュニケーションを1対1でおこなえるという点がある。ハワイのWCCの学生は日本語クラスを履修しているので、日本人と日本語を使った交流に魅力を感じていた。しかしながら、電子メールの読み書きの量があまりに多すぎると、学生にとって大きな負担になる。2回目のハワイとの交流では、英語のメールがあまりに多すぎて、メールを開けるのが恐怖であったと答えた学生もいた。とくにグループでの英語を使った討論は、内容が深まるほど文章は長くなり、活発に交流すればするほどメールの数が多くなる。そのような場合、日本の学生は込み入った議論ができな

第5章 インターネットを活用した学習環境のデザイン

くなってしまう。

　メキシコとの交流は、双方が母国語ではない英語を使ってのコミュニケーションであり、誤解のないように言葉を何回も言い換えたりして、言葉遣いにかなり注意を払っている様子がうかがえた。札幌との交流は、メールが頻繁でなかったこともあるが、国内の学生同士が日本語で交流してもあまり魅力は感じられなかったという意見もあった。英語の勉強を考慮するならば、日本人同士でも英語でメール交換をするのもおもしろい試みである。実際、ネットニュースや電子メールを利用したこのような試みは英語の授業でおこなわれている。

⑦　グループ分け

　どのようにグループを作るかは、交流の成否を決める重要な要素である。1回目のハワイとの交流はアトランダムに3校から1名ずつ選び、グループを作った。この場合、双方の関心がうまく一致すれば交流も活発になるが、そうでない場合は最初の自己紹介の後、話題が次第に続かなくなった。事前にお互いのプロフィールを送り、どのような相手と交流をするのか理解しておけば、話題を見つけやすい。ハワイ大学の場合、ウェッブページを作り、クラス写真を記載した。交流を希望する学生の数があまり多くなければ、相手を自由に選ばせて、関心のあるもの同士で交流をさせるのもよいだろう。

　2回目のハワイとの交流は、課題を設定し、その課題に関心のある学生同士を集めたグループを作ったので、グループ・サイズに偏りが出来た。グループ内の人数が多いと、電子メールによる交流は相手を識別し

にくい。課題についての意見を述べあうため、内容に連続性がないと読み手は混乱してしまう。今回、あまりにも多くのメールが交錯していたため、関西側の学生はついていくことが出来なくなってしまった。グループの人数は全体で4名を超えないくらいが適当であろう。それ以上の場合はもうひとつ新しいグループを作った方がよい。

　グループ同士の交流は、グループのメンバーの責任が曖昧になり、メールの交換はリーダーまかせになる傾向がある。グループのメンバー全員に送るためにメーリングリストを使う場合、誰が何のためにメールを送っているのか明確にしておかないと、議論が拡散してしまう。そのうちに自分一人くらい参加しなくても、という意識が湧き、受け身になってくる。札幌との交流の場合、話し合いの結果をリーダーがまとめて送るため、相手はいったいどのような過程を経て、このような結論にいたったか理解できず、コミュニケーションにギャップが生じることがあった。コネチカットとの交流でも、相手は結論しか送ってこず、相手側の話し合いの過程が分からず、関西側の学生は相手の顔が見えないと不満であった。グループ同士での交流をする場合、なるべくグループ・サイズを小さくし、双方のグループの話し合いの過程も知らせるとよい。そのためには、グループ・メンバーひとりひとりに役割を分担し、リーダーだけに負担が偏らない工夫が必要である。

　自由に相手を選ばせて交流をする場合、一人にメールが集中する危険がある。たくさんのメールを受け取っても、処理しきれない問題がある。また、せっかくメールを送っても、誰からも返事が来ないという寂しい思いをする人もでてしまう。

第5章 インターネットを活用した学習環境のデザイン

　このような交流は相手とのやりとりのプロセスが重要であり、このプロセスをどのように対処していけるかという力が求められる。よりよい関係を作り上げるには、参加者のコミットメントが求められると共に、参加していくプロセスで意識が高められるような活動が望ましい。

⑧　同質性・異質性

　交流の相手は私の個人的なネットワークから探してきたが、学生と同じくらいの年齢で関心を共有できる相手が望ましいと考えた。とくに課題を設定せずに自由に交流をする場合は、年齢、専門領域、関心などに共通点があり、文化的に異なる相手がおもしろいのではないかと考えた。

　WCCの学生は年齢的にばらつきがあるが、日本語という関心があるので、日本人との交流に高い意欲を持っていた。沖縄国際センターの研修員も年齢は高いが、メディア制作という関心領域を共有し、見学に来て交流会で直接話をしているので、その後のメールによる交流も続いた。一方、札幌との交流は専門分野は同じであり、関心も共有できると思ったが、北海道といっても学生にとって地域的、文化的な差はあまり感じられず、面白味に欠けていたという感想を持った。

　これまでの活動を整理してみると、年齢や関心が近く、文化的に異なる人が、交流相手として興味を持って始めやすいのではないだろうか。あまりに同質であると会話が続かなくなり、あまりに異質であると話題を探すのに苦労する。適度な同質性・異質性のある相手が望ましいが、現在のように私の個人的なネットワークのなかから交流相手を探すと自ずと限界がある。

⑨　学びの共同体作り

　学外とのインターネットによる交流活動は、それ自体完結したものではなく、ゼミでの「学びの共同体」を作っていくための活動であるととらえている。ゼミの2年間で「学びの共同体」を作り上げるためには、さまざまな活動を通して、相互に教え合い、学び合うことができるグループ作りが求められる。とくにインターネット利用の初期の頃は、コンピュータ操作上の問題点に直面するが、まわりに教えてくれる人、一緒に操作をしながら考えてくれる人がいないと、なかなか自分一人で学ぶことは難しい。メール交換は学生たちがコンピュータにアクセスする大きな動機になった。「コンピュータ教室に行くと必ずゼミの誰かがいる」ので、時間が空くと足が向く。単にコンピュータを操作するだけでなく、友達に会いに、たわいもないおしゃべりをする「たまり場」があると、学生たちが集まってくる。そこでは、日常の会話から、課題について、メールの交換相手についてさまざまな情報が交わされ、このような活動を通して、ゼミとしての一体感を作り上げてきた。

　電子メールと交流している相手側との「共同体」づくりもめざしたが、直接会ったことのない相手と個人的な交流はできるが、グループとして「共同体」を作り上げるには、数カ月の交流では無理であった。学期ごとの1回の交流ではなく、2、3回と交流を重ね、相互に成長していく過程を共有することが大切であろう。さらには、直接会う対面コミュニケーションが必要になってくるだろう。

第5章 インターネットを活用した学習環境のデザイン

3 これからのインターネット学習

　事後の面接によると、電子メールを使ったこのような交流活動を積極的に評価した学生は、以前から手紙をよく書いていた、あるいは、交換日記をしていたと答えている。電子メールの交流は文章を書くという行為であるため、以前から文章を書くことが好きな人にとって、コンピュータ上であろうと、ノート上であろうと「書く」という行為そのものに基本的な違いはない。そして、電子メールの利用は、コンピュータを使えば自分の空いている時間にいつでも読んだり書いたり出来るため、「書く」ことの好きな学生たちは便利なツールであると実感している。反対に、これまで手紙を書くのが面倒だと思っていた学生は、最初のメールを交換し感動してもその後、メールを書くという行為に負担を感じ、続かない場合が多かった。人とコミュニケーションをとるときに、それぞれ利用しやすいメディアがある。学生たちは、いくつかのインターネットを利用した交流活動に参加することで、自分なりのインターネット利用の仕方を見つけ、どのようにインターネットと接したらよいか「つきあい方」を身につけていく。どちらの学生にとっても、インターネットは便利で、有益なメディアであり、将来も積極的に利用したいと答えている。

　インターネット学習環境は、学生たちに技術や知識を教授することを目標とはしない。その目標は、インターネットを通して、自分の意見を述べ、相手の意見を聞き、自分のおこなっている活動を内省するための場を支援することであり、自分なりの利用方法を見つけだし、より有効

に利用するにはどうしたらよいかということを考える場を提供することである。それは、「いつか使うかもしれない知識」や「教員に見てもらうための知識」を身につけることを目指すものではない。距離的、文化的に遠く離れたところにいる「本物の相手」とコミュニケーションする機会をもつことで、自分とは異なる世界で生きている人たちの生活や考え方・経験に触れ、違いを理解し、互いに評価しあう(appriciate)関係を構築していくことである。

「インターネットは万能薬であり、これまでの教育の在り方を変える」という言説が流布しているが、それはインターネットを教室に導入しただけでは実現できない。構成主義の学習環境のなかで学ぶためには、学ぶ側の高い自律性が求められるとともに、相互に学びあい教えあう「共同体作り」が欠かせない。インターネット学習環境のデザインは、このような学生たちを支援できるものでなくてはならない。

(注1) 日本政府の援助により、第三世界から日本に研修に来ている人たち。国際協力事業団の活動の一環として、全国にあるJICA国際センターが受け入れをおこなっている。

(注2) コネッチカット州立大学を中心とした事例研究の電子メール交流は、関西大学の他、メキシコのパンアメリカン大学の学生ともおこなった。

第 6 章　遠隔教育の学習環境デザイン

　遠隔教育とは、場所あるいは時間の制約を受けることなく学習できる教育形態を指し、教師と生徒が対面する従来の教室型の教育と区別されてきた。通信教育と呼ばれていた従来型の遠隔教育では、生徒は郵送された課題をこなし提出すると、教師が添削して返送してくれるというスタイルであったため、教師とのコミュニケーションもあまり頻繁ではなかった。しかし、最近では、通信衛星、インターネットなどの通信インフラが急速に整ってきたため、遠隔教育においても双方向的コミュニケーションや多様な教育方法が可能になってきた。このような新しいメディア環境を活用することは、費用便益効果の点でも優れているだけでなく、これまで教育の恩恵を受けられなかった層の多様な教育ニーズに答えることができるという利点がある。

　最近では、普通の学校教育においても、テレビ会議やインターネットなどを積極的に取り入れ、対面でも遠隔でも学習できる環境が整ってきた。とくに、このようなメディアを大学において活用することで、社会人が仕事を続けながら大学に通えるようになった。

　そこで第 6 章では、社会人を受け入れるために遠隔教育を大学院に導入した事例を紹介し、遠隔教育の可能性と問題点を検討する。このような遠隔教育の実践は、まだ緒に就いたばかりであり、ネットワークやコ

ンピュータなどハード的な環境が整備されても、その環境のなかで教師や生徒が効果的な学習を進めていくことが出来るかどうかは、別の問題である。これまでの遠隔教育に関する研究では、テレビ会議システムなどを使った遠隔授業をおこない、画像や音声の質に着目したハード的側面の研究に重点が置かれてきた。しかし、実験段階から実用段階に移りつつある遠隔教育のこれからの研究は、ハードから教育内容や方法、学習に関するソフトの研究にシフトしていく必要があるだろう。

単に二つの場所がネットワークでつながるだけでなく、新しい環境のなかで対面での授業とは違うコミュニケーションがどのように展開されるかという教育場面での実証的な研究は、これまで十分におこなわれてこなかった。遠隔教育を適切に実施するためには、教師と生徒の間とのコミュニケーションがどのようにとられているのかを実証的に調査し、そこから得られた知見を学習環境デザインにいかしていく方策が必要である。

1 遠隔教育の先行研究

本節では、これまでの遠隔教育の研究成果をまとめ、遠隔教育に影響を与えると思われる要因を整理し、これからの研究の方向について概略する。

遠隔教育(distance education)の捉え方

遠隔教育は、従来の紙媒体が中心の「通信教育(correspondence education)」と区別する意味で使われたりするが、ここでは教師と生徒が物

第6章　遠隔教育の学習環境デザイン

理的に離れていたり、あるいは時間的に別々な形で教育活動がおこなわれる教育形態を指すものとする。このように定義すると、通信教育は遠隔教育の一形態であると見なすことが出来る。

また、教育制度として遠隔教育を見ると、これまでは正規の学校教育の外側にあるオルタナティブな教育として位置づけられ、放送大学や通信制の高校教育などに見られるように、正規教育を受けることが難しい学生を対象におこなわれてきた。このような遠隔教育では、テキストやラジオ、テレビなどを利用した自己学習と、年に何回かのスクーリングと呼ばれる対面での講義を組み合わせた形態をとっている。このような教育に参加し、課題やテストを実施することにより、正規の教育と同等の卒業資格を与えられたり、教員免許などの資格を得ることが出来る教育制度になっている。

一方、最近話題に上る遠隔教育は、正規の学校教育に遠隔での学習を取り入れ、正規教育の一形態として取り入れられることである。従来は、遠隔での学習は、いわゆる授業に参加したということと同等には認められず、単位に換算されなかったが、現在では教師が同じ空間を共有しなくとも講義を受講すれば、単位として認めていく方向に向かっている。そのためには、孤立した学習者がテキストを読み、レポートを提出するという従来の通信教育の形態では十分でなく、インターネットを使った双方向性の高いコミュニケーションや、テレビ会議を使った視聴覚的なコミュニケーションが必要となってくる。

たとえば、メディア教育開発センターをハブ局としたスペース・コラボレーション・システム（SCS）事業は、通信衛星を利用して大学間

の遠隔教育を推進するためのものである。このシステムを利用することにより、他大学の講義を遠隔で受講し、単位として取得することが出来る。1998年度から「教育工学」の科目を大学院向けに、各大学の教員が毎回交代で受け持つオムニバス形式で実施されており、多くの大学院生が受講している。

　このような遠隔教育のテクノロジーが発達したことにより、正規教育としての対面型授業とオルタナティブな教育としての遠隔教育との境界が、以前ほど明確に区別しにくくなった。正規の大学教育において、従来の対面型講義の枠組みを広げ、遠隔地（教室内にいないという意味）からも受講できる、あるいは、数回の対面講義と遠隔講義を組み合わせることで単位を与えることが出来るならば、多様なニーズを持った学生にも十分に対応できるようになると考える。

遠隔教育に影響を与える要因

　衛星やネットワークを利用した遠隔教育は、大学教育ではまだ始まったばかりの教育形態であり、教える側も教わる側も、これからどのようにおこなっていくべきか、試行錯誤の段階である。しかし、遠隔教育といっても、そこには教師と生徒が存在し、別々の時間・場所であっても両者が関わる教育環境のなかで何らかの相互作用をおこなっているわけであり、その意味では、遠隔も対面も教育に関する要因は大きく違うわけではない (Moore, 1993; Shale, 1990)。マックアイサックら(McIsaac & Gunawardena, 1996)は、これまでの遠隔教育の研究成果をまとめるなかで、遠隔教育だけに当てはまる独特の教育理論というものはない

と述べている。ただし、遠隔教育に参加する学生の特徴や社会的におかれている文脈が違うために、いくつかの特徴が現れてくる。たとえば、従来の遠隔教育では、学習者が孤立しており、学習を継続させるためには、自己コントロールや動機づけが重要であることがわかっている。それは、遠隔教育の方が普通教育よりも脱落者が多く、強い意欲と継続性を自分自身の力でコントロールしていく必要に迫られるからだ。

ここでは、交流距離、対話性、社会的文脈、メディアの4点について検討を加える。

① 交流距離(transactional distance)

交流距離とは、教師と生徒の間の物理的な距離ではなく、二者間の交流のあり方によって感じられる心理的な距離のことである(Moor, 1990)。

この概念は、遠隔だけではなく対面型教育においても当てはまるが、とくに遠隔教育の場合、物理的に離れている分だけ重要な概念になるといえる。テレビ会議システムを介して教師とコミュニケーションをとる場合は、対面でのコミュニケーションと比べ一般に距離が遠く感じられるが、二者の間の交流を十分に保つことにより交流距離は縮めることが出来る。ここでの「交流」とは、直接会って対話するだけでなく、手紙のやりとりなど、二者の間の何らかの相互作用を指す。交流距離が離れていると感じる要因は、教員と直接対話をした経験があるか、生徒の意見を柔軟に採り入れた指導をしているか、あるいは、生徒がどの程度自己コントロールできるか、という点とも深く関係している。

従来の対面型教育に比べ、遠隔での教育は、メディアが間にはいるた

めにおきる制約により、教授が固定的になりがちで、それが対話を阻害する要因になる。そのため、交流距離が大きくなると考えられる。しかし、教育効果は場所を共有しているというだけで得られるわけではなく、遠隔教育においても対話や学習者のコントロールがどれくらい可能であるかにかかってくる。その点、通信技術が発達するにつれて対話性が増し、交流距離を大きくちぢめる可能性がでてきたといえる。

② 対話性

　遠隔教育での対話性は、三つのカテゴリーに分けられる(Moore，1989)。ひとつは「生徒と教師」の間の対話性である。これは教師と生徒の間の対話や動機付け、フィードバックなどのことである。第二に、生徒と教材との対話性である。これは生徒が教材から情報を得る方法である。第三に、生徒同士の対話性である。生徒同士で情報を交換したり、話し合いをしたりすることが含まれる。第四に、生徒と遠隔教育のシステムとの間の対話性である。コンピュータなどを介した遠隔教育の場合は、ユーザーインターフェースが問題となる。

　遠隔教育をデザインする場合、どのような対話性を用意することが、生徒の学習効果につながるか考慮しなければならない。また、4つのカテゴリーに分けられる対話性をどのように高めることが出来るかが重要なデザインの要素になる。

③ 文化・社会的状況

　遠隔教育のおかれている文化・社会的状況は、生徒の動機付けや態度

をはじめ、教授・学習のプロセスにも大きな影響を与える。遠隔教育ではさまざまなテクノロジーが取り入れられている。一見、テクノロジーは中立的であるようにみえるが、生徒のおかれている社会的文脈とうまくあわずに利用されるため、十分な教育効果が発揮されない場合がある。

たとえば、コンピュータによる遠隔教育は、文字情報が中心で文章力がコミュニケーションの重要な要因になるため、対面ならば一見してわかる体型、性別、年齢、民族などについては平等な場所になるが、文章を書く力のない生徒にとっては非常に差別的な場所になってしまう(McIsaac, 1993)。

遠隔教育の場合は、メディア環境によって媒介されているため、対面とは違う文化・社会的状況が創り出される。もちろん、目線、物理的距離、笑いかけ、話題などは、対面でも相手との関係性を作り上げる上で重要であるが、テレビ会議ではそれらの要素は対面と違った形で作用することを考慮する必要がある(Short et al., 1976)。

④ 遠隔教育におけるメディア

教育メディアの実証的比較研究から得られた結論は、メディアの違いと学習効果の間には有意な差はないことである(Clark, 1984)。教育効果に影響を与えるのは、メディアそのものよりも、注意深くデザインされた教授法や学習者の特性の方が大きい、と指摘されてきた。つまり、あるメディアがほかのメディアと比べ先験的に優れていることはない。したがって、メディアの持っている特性を適切に教授デザインのなかに組み込むことより、効果的な学習を期待することが出来るわけである。

新しいメディアが導入されると、そのメディアを使った教育は、効果が上がったという研究が発表されるが、ほとんどはメディアが新しいことに対して期待度が高くなる新奇性効果によるものである。そのメディアが一般的に使われるようになると、次第に有意な差がなくなってくることがわかっている。

　インターネットやテレビ会議など新しいメディアが、遠隔教育でも注目されているが、適切にテクノロジーを教授デザインのなかに組み込んでいかないと、これまでのメディア比較研究と同じ間違いを犯すことになる。メディアそれ自体では、教育の万能薬としての役割を果たすことは出来ないことをしっかりと認識しておく必要がある。

2　事例：大学院における遠隔教育

大学院教育システムの概要

　ここで取り上げる事例は、関西大学大学院・総合情報研究科における遠隔教育である。この研究科は1998年度に新しく開設された大学院で、従来の大学院と比べ、多くの社会人を受け入れ実務者・専門家養成を目的とした大学院教育をめざしている。初年度の入学者数は78名で、そのうち社会人が半数以上を占めている。社会人学生は、仕事が終了した後でも大学院の授業に参加できるように6時以降の授業科目を履修することで単位を修得できる配慮がなされている。

　本事例の大学院は、高槻の郊外キャンパスに拠点をおき、大阪市内に位置している天六（天神橋筋六丁目）の市内キャンパスにサテライト教室をおいている。仕事を抱えている社会人でも、市内キャンパスに行け

第6章　遠隔教育の学習環境デザイン

ば、6時から始まる授業に十分に間に合う。教員は、郊外キャンパスの教室から授業をする場合と、市内キャンパスの教室から授業をする場合とがあり、遠隔教室での授業はどちらのキャンパスにいても受講することが出来、どちらに参加しても単位を取得できるようになっている。1998年度は、市内キャンパスの教室から教員が授業をするものが6科目、逆に、郊外キャンパスの教室から教員が授業をするものが6科目あった。

遠隔教育システム

　遠隔教育にかかる費用を軽減するために、講義は教員一人が機器を操作しながらおこなえるような遠隔教育システムが作られた。そのため、講義と機器操作を同時に一人の教員がおこなえるよう、機器の操作は極力するなくするように工夫された。教員は、講師控え室で鍵を受け取り、メインスイッチを入れれば、自動的に遠隔教室とつながり、講義が出来るような仕組みになっている。

　この遠隔教育では，二つのキャンパスがＩＳＤＮ３本（64kbps×3本＝192kbps）の専用線で結ばれ、ビデオ1画面を双方向で送ることが出来るようになっている。市内、郊外キャンパスともほぼ同じシステムを備えており、教員はどちらの教室でも同じ操作をすることで、遠隔教育システムを利用できる。

　システムは、教師によるコントロールを前提としており、「講義」、「教材提示」、「質問」、「機器選択」の4モードを教員がスイッチで選ぶことができる。(表6－1、図6－1参照)

　このように、教員は一人でこの4つのモードを切り替えながら講義を

教室の風景	学生用カメラ
教員用カメラ	教員卓

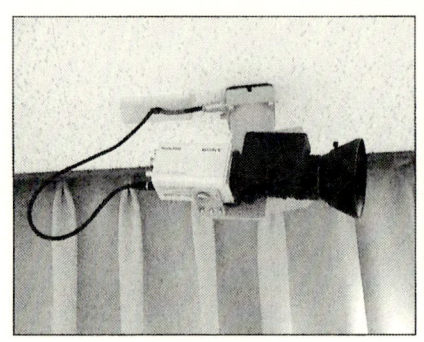

表6-1　各モードの説明と使い方

モード	説　明　と　使　い　方
「講義」モード	天井のカメラがあらかじめ設定されたフレームを撮影するようになっており、教員は教卓の前のいすに座ることでフレームのなかに適切に入ることが出来る。
「教材提示」モード	教材提示装置においた教材をテレビ画面に提示することが出来る。カメラは自動焦点であるが、フレームを決めるためにはズームボタンで調節する必要がある。
「質問」モード	教員用のカメラから生徒用の2台のカメラのどちらかに切り替わる。学生が机の上に置かれているフラットマイクのボタンを押すと、生徒用カメラはプリセットされているフレームにズームインする。学生のアップが映され、画面に映し出された学生はマイクを通して発言することが出来る。学生からの音声はこのモード以外では教員側に伝わらない。
「映像選択」モード	ビデオや衛星放送を見せるときに使われるモードである。このモードを選択し、さらに表示するメディアを選ぶボタンを押す必要がある。

第6章　遠隔教育の学習環境デザイン

システム取り扱い遠隔講義

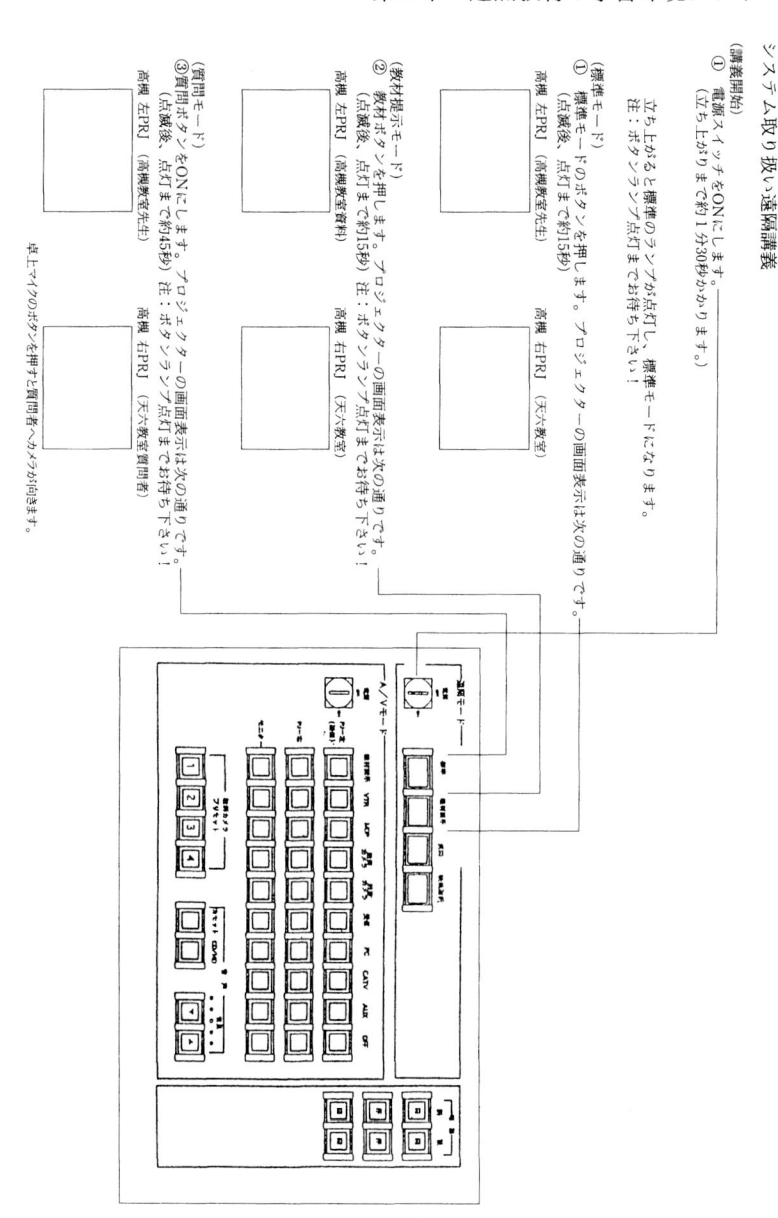

(講義開始)
① 電源スイッチをONにします。
(立ち上がりまで約1分30秒かかります。)

立ち上がると標準のランプが点灯し、標準モードになります。
注：ボタンランプ点灯まではお待ち下さい！

(標準モード)
① 標準モードのボタンを押します。
(点滅後、点灯まで約15秒)
高柳　右PRJ　（高機教室先生）

(教材提示モード)
② 教材提示ボタンを押します。プロジェクターの画面表示は次の通りです。
(点滅後、点灯まで約15秒)　注：ボタンランプ点灯まではお待ち下さい！
高柳　右PRJ　（高機教室資料）　　　高柳　右PRJ　（天六教室）

(質問モード)
③ 質問ボタンをONにします。プロジェクターの画面表示は次の通りです。
(点滅後、点灯まで約45秒)　注：ボタンランプ点灯まではお待ち下さい！
高柳　右PRJ　（高機教室先生）　　　高柳　右PRJ　（天六教室質問者）

卓上マイクのボタンを押すと質問者へカメラが向きます。

図6-1：システム取り扱いマニュアル

143

していく。煩雑な操作を出来るだけ省くために作られたシステムは、教員による講義を中心におこない、最後に質問モードに切り替えて学生からの質問を受け付けるようにすることが前提で作られている。この前提で操作をすれば、1回の講義でスイッチの操作は3，4回ですむであろう。

調査方法

　この調査は、1998年4月から1999年3月の間おこなった。初めて遠隔教育システムが導入され、学生や教員はこのシステムにどのような関わり方をするのだろうか、という問題意識を持って調査に望んだ。遠隔教育システムを使い、日常的に遠隔教育を行う際に、どのような問題点があるのか、教育効果はどのようなものか、問題点のある機器はどのような改善をするべきか、学生や教員にどのような支援が必要なのだろうかという点を調べるために、参与観察を中心に、インフォーマルなインタビューやアンケート調査などもおこなった。この調査は、遠隔教育システムの質を高めるために、実際の改善をめざした実践研究（アクションリサーチ）である。さらに、ここで得られた知見をもとに、大学教育における遠隔教育のガイドラインづくりを目標としている。

　1998年春学期には、遠隔教育を行った2科目（「戦略決定における経営情報」と「情報メディア論」）について、授業に参加し、観察および授業の様子をビデオ撮影した。さらに、この科目を担当した教員と受講した学生にインタビューをおこなった。この2科目とも、教員は市内キャンパスで授業をおこない、学生は市内と郊外の両キャンパスで受講した。「戦略決定における経営情報」を受講した学生は市内キャンパスに14

名、郊外キャンパスには5名である。また、「情報メディア論」は市内キャンパスに7名、郊外キャンパスに9名であった。

　秋学期は、春学期におこなった調査から得られた知見をもとに、「マルチメディア教育論」1科目において、現状の機器、システムの範囲内で、実際に改善できる部分の改善を試してみた。さらに秋学期終了後に、これまでに遠隔教育をおこなったことのある専任教員4名に対してインタビューをした。

　大学院の講義ではないが、SCSを使った遠隔教育を茨城大学の2年生30名と関西大学の4年生、大学院生9名でおこなった実験的な試みも、この調査の知見として取り入れ、分析の対象とした。

春学期の遠隔教育

　遠隔教育は、新しい大学院における初めての試みであり、遠隔教育システムについて教員、学生とも当初は高い期待感を持っていた。春学期が始まった最初の2週間は、機器の操作に習熟していないこともあり、うまく作動しなかった。授業時間のほとんどを接続調整するために使ってしまうこともあった。2週間をすぎる頃は、システムの癖もわかり、次第に立ち上げ時のトラブルは少なくなっていった。

　はじめは、教員、学生ともこのシステムの特徴を十分に理解していなかったため、さまざまな機能を備えていると思っていたが、操作に習熟するにしたがい、システムの限界が見えてきた。当初の期待感が高かった分、遠隔教育システムへの失望感は大きかったようだ。春学期途中に行った学生へのインタビューでは、次のような反応があった。

- 先生が話し続けているだけなので、テレビを見ているようで臨場感がない。
- １画面しか送ることが出来ないため、十分な情報を得ることが出来ない。たとえば、教室の様子と先生の顔、コンピュータ画面の３画面必要ではないか。
- 質問モードに切り替えるときに、音声が１５秒ほどとぎれてしまうため、その間に話されたことが聞こえてこない。
- 音声が途切れることが多い上に質問しにくいシステムです。
- 質問モードの時にカメラが天井から映すのがおかしい。もどかしく感じる。
- 発言がしづらく、教授への遠い距離を感じる。
- ディスカッションしにくい。どうしても教員からの一方向になり、質問モードでないと発言できないことは不便である。
- 一体感が感じられないのは、相手の表情を見ることが出来ないため。
- 同じ画面がつづくと飽きてしまう。

　教員にとって、まだ慣れない分、機器の操作をするのは大きな負担になっていた。正常に作動するときはよいが、いったんうまく動かなくなるとどうやって修復して良いかわからず、担当者が来てくれるまで授業を中断しなければならないこともあった。現在のテクノロジーで出来ることの限界とそれをうまく教授方法に取り入れていくことが求められるが、最初の時期は、期待していたことが出来ないとわかると、それが不満につながっていくようだ。

　一方、慣れるにしたがい気にならなくなる部分もあった。たとえば、最初の頃気になっていた画面と音声のずれは慣れるにしたがい、次第に気にならなくなったようだ。

第6章　遠隔教育の学習環境デザイン

　多く出された問題点は、コミュニケーションがうまくできないときである。講義は音声による言語情報が中心であるため、教員からの音声がとぎれたとき、必要な情報を聞き取れないという不満が残る。音声がとぎれても教員がそのまま話を進めると、遠隔側では取り残された感じがしていちばんイライラがつのるという、学生の意見があった。また、システムが十分な機能を持っていないためと、「間」の取り方がまだ慣れていないため、議論をするときにスムーズにいかないという不満も高かった。

　　もっとこう、頻繁にやりとりがあるかなと思っていた。（中略）今のままやったら、ビデオ講義でもいいんじゃないかみたいな授業になってしまっている部分があると思うんです。別にその場にいなくてもいいじゃないか、後でビデオもらって見ても、そんなに変わらないんじゃないかって。（フルタイム学生）

　遠隔教育システムへの失望感は全体的にあるが、社会人学生にとっては大阪市内で授業を受けられるメリットは大きいと受け止めている。

　　まあ、当然ですけど、やはり郊外キャンパスまでいかないでここで聞けるっていうのはメリットですね。遠隔教育システムのデメリットはいくつも感じてますけれどもね。（中略）現実問題、高槻までいくとなると、無理ですからね。せめてここ（市内キャンパス）で受けさせてもらえるというのは、十分に取って代わるだけの意味があると思っています。（社会人学生）

教員にとっても遠隔教室での授業は大きな負担と感じていた。遠隔教室にいる学生が意欲を持って取り組めるようにするには、これまでの授業とは違う形で教えたり、準備をする必要性を感じていた。

　　ふつうの、つまり学部で教えているような調子じゃだめですね。（中略）放送大学とか、教育テレビでやっているようなプレゼンテーションをやるようにしないと、たぶんしらけちゃう。（遠隔教室にいる学生にとったら）対面でもないしね。向こうの学生に満足のいくようなことをするには、かなりの準備がいるなあ。それには、やっぱり時間と、それなりのスキルもいるしね。自信ないわ、そんなの。だからね、そんなの手伝ってくれる体制が必要だな。（中略）大学院で教える先生は高齢者が多いし、私を含めて。だから、その辺がネックになりますよ。資料の作成のサポート体制などがあると助かるなあ。（K教員）

　K教員は、教育テレビ番組と比べると貧弱な自分の授業に対し、十分な準備とプレゼンテーション技術が必要だと強く感じていた。しかし、忙しい日々の活動を考えると、準備に十分な時間を割けるわけではない。また、50代、60代の教員が、すぐに新しい機器の操作に習熟したり、プレゼンテーション用のソフトをすぐに使いこなせるようになるわけでもない。長年教えてきた教授スタイルを変えて、テレビ用のプレゼンテーション・スキルを身につけるのも容易ではない。
　このような問題点を解決するひとつの方法として、K教員は支援体制を充実する必要性を強く感じているが、もともと教員一人で操作するようにシステムが作られたということは、そのような支援は出来るだけしないで済ませたいという前提がある。

第6章　遠隔教育の学習環境デザイン

　音声や画像がどのように遠隔教室に伝えられているかということも教員にとっては気になる点である。相手にどのように伝わっているかというフィードバックがないため、どの程度相手が情報を受け止めているのかわからない不安である。教員卓にあるモニターテレビは、標準モードにおいて遠隔教室の画面が表示されるだけで、教員自身の画面はスイッチを押しても見ることが出来ないようになっている。学生は、教員の画面をスクリーン上で見ることは出来るが、教員は自分自身がどのように写っているか見ることが出来ないため不安になる。

　　自分がしゃべっている姿を自分で見たいのよ。ところが見えないんですわ。どんな顔して、どんな調子でしゃべっているのかわからないわけ。（K教員）

　反対に、遠隔教室にいる学生にとっては、いつも自分たちの様子がスクリーンに映し出されているため、かえって授業に集中できないと述べていた。とくにクローズアップの画面に学生が映されている場合は、自分がアップで映されているのをいやがり、場所を変えたりしていた。
　対面での教室に比べ、遠隔教室にいる学生は、教員から直接見られていないという意識があるためか、授業に参加する緊張感にかけているようだ。授業に遅れて入ってきたり、授業中に教室を出たり、学生同士で話をすることも、対面の授業に比べ、多かった。
　図6-2は、7回の授業における各モードの時間を割合で表したグラフであるが、7割以上の時間は、教材提示モードが使われており、対面

で授業を受けている学生にとっては、教師と教材の両方を見ながら授業を受けることが出来るが、遠隔教室の学生にとっては、教材の静止画が送られてくるのを見るだけで、どうしても集中力が落ちてしまうことがわかる。学生は、教員の顔の画像が送られてこないと声だけでは、どうしても集中力が落ちてしまうと述べていた。

秋学期での調査

　春学期の調査結果をもとに秋学期には、改善のための具体的な方策を探るために、現在のシステムでどのようなことができるのか、「マルチ

図6－2　モード別利用時間(パーセント表示)

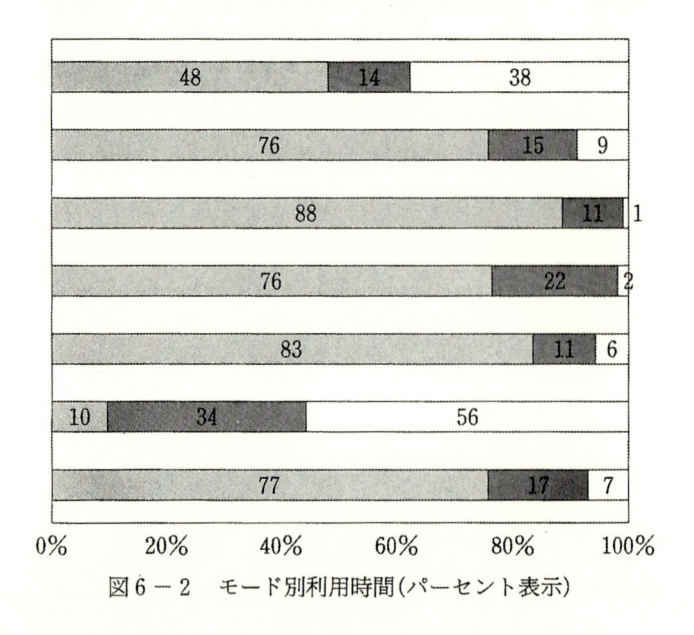

メディア教育論」の講義で実際に試してみた。春学期の観察から、教員一人が機器操作と講義の両方をおこなうことには無理があると考え、手動カメラを操作する補助員をつけて、教員は出来るだけ講義に集中できるようにした。遠隔教室は学生の数が２，３名と少なかったため、補助員は教員が授業する教室のみに配置した。補助員と手動カメラを取り入れることで、次の５点が改善された。

① 教員は講義に集中することが出来る。補助員が遠隔教室に情報が適切に送られているかチェックをし、問題があれば教員に知らせることが出来る。
② 手動のカメラを使うことで、目線の方向は違うが、目の高さに合わせた映像を送ることが出来るため、上から頭が写るという違和感は緩和される。
③ 遠隔教室の人数が少なければ、手動カメラを使い、同時双方向のコミュニケーションがとれる。
④ 学生の発言についても、手動カメラを使うことで、目線での映像を送ることが出来る。
⑤ ワイヤレスマイクが２本用意されているため、教員と学生用に２本のワイヤレスマイクを使うことで、フラットマイクのボタンを押してから切り替わるのを待つことなく、比較的スムーズなコミュニケーションがとれる。

講義の形態も、教師からの質問に学生が答える、ビデオを見せたあと

に学生から感想を聞く、テーマに沿ったディスカッションをするという、教師と学生との間の対話性の高い方法を採った。そのため、学生は双方向性のあるコミュニケーションに参加しているという実感を持ったようである。

12月に茨城大学との間でおこなった通信衛星による遠隔教育（ＳＣＳ）の合同授業では、これまでの遠隔教育での知見をもとに双方向性の高い教育方法を取り入れることにした。参加者は茨城大学の2年生30名と、関西大学では大学院生と4年生の9名が参加した。双方の教員と司会役をする学生の短い挨拶のあと、「いじめ」に関するビデオを15分視聴し、いじめについてのディスカッションを関西大学の大学院生の司会でおこなった。ディスカッションでは、いじめについての自分自身の体験や予防するための方法などについて、双方で活発な意見が交わされた。

事後アンケートの感想には次のようなものがあった。

- 対面講義より集中できるし、対面授業にない、授業に参加している一体感がある。
- ディスプレイで相手が自分の意見を聞いているのが見えるので、参加している実感がわいた。
- 司会者が学生というのはキーポイントですね。助けようっていう気がでてきます。
- やはり自分が意見を言えたことが大きいと思う。
- 意見を出す人、出さない人とのばらつきはあったが、ひとつのテーマについて両大学とも考えることが出来たし、コミュニケーションがとれたと思う。

第6章　遠隔教育の学習環境デザイン

画像の荒さや声と画像がずれることなどが気になった点としてあげられたが、それよりも双方向のコミュニケーションが十分とれれば、参加意識が感じられ、学ぶことが出来たという感想をほとんどの学生がもっていた。

　実験的な試みであったこともあり、衛星を利用した授業に参加する期待度は高かった。ＳＣＳでは双方に補助員がつき、カメラの操作をおこなってくれるので、目線があわないという点が気になるが、授業の展開においては主要な問題点にはならないようである。学生にとって話題が身近で参加しやすい内容のものであるか、双方向のコミュニケーションが確保され、発言できる機会を与えられるかどうか、ということのほうが、重要な点である。少人数で参加し、ひとりひとりが発言できる機会があり、ディスカッション形式の授業は遠隔教育では効果があると思われる。

教員へのインタビュー

　秋学期終了後、4名の専任教員に対しインタビューをおこない、遠隔教育をする際に心がけている点や問題点と改善するための方法について質問した。

　遠隔教育の教育方法が、「教員による一方向の講義」が中心の場合は、それほど大きな問題はないようである。Ｔ教員は、毎回授業のあとに学生からアンケートをとり、問題点を解決していく努力をした。

　　私は、「多変量解析」という統計学の講義を行いました。登録した学生

は20人くらいで、市内キャンパスで講義をしましたが、郊外キャンパスには学生が半数以上いました。学生は、2つのキャンパス間を移動したりもします。私の講義は統計学の手法の説明が主です。カメラの切り替えが大変だという話を聞いていましたので、あまりカメラを切り替えるようなことはしないようにしました。数学を使うので、最初に概要を説明して、それに関する事例を紹介します。最後に数式を出して分かりやすく説明するようにつとめました。数学のバックグラウンドがないと、数式の細かい説明が理解できないので、なるべく結果のグラフや解釈の仕方がわかるような説明にしたので、一方向の講義形式が中心でした。それと、学生と会話するために、記名のアンケートを毎回とって、郊外キャンパスの学生には私の郵便受けに入れてもらうようにしました。翌週にアンケートの質問にこらえられるようなものを、授業の最初の10分、15分くらいを使って答えるようにしました。（T教員）

　T教員は、アンケートをとることで、遠隔側の学生の問題点を把握することが出来、それにあわせて授業のやり方を修正していった。たとえば、教材提示装置のプリントばかりを見せると、学生から「先生の顔が見えないと授業を受けた気がしないから、先生の顔を見せてほしい」という要望がでた。この学生からのフィードバックにもとづき、教材提示を使うのはなるべくやめ、顔の画面を送るようにした。

　Y教員は、一度遠隔で授業をしたが多くの問題点があると感じ、「今のシステムでは遠隔はやりたくない」と述べている。社会人が中心の授業を市内キャンパスでおこなっているので、郊外キャンパスでは受講生があまりいない。そのため、遠隔教育をやらなくとも受講生は困らないということもあるが、1画面しか送ることができないという遠隔教育システムの問題点に大きな不満を持っていた。

第6章　遠隔教育の学習環境デザイン

　私は、講義の内容を全部パソコンに入れて、それを相手に送れば分かりやすいと思ったんですよね。ところが私の顔が見えない。学生にとっては、画面に数式がでて、私の声だけが聞こえるのが、すごく不気味なんですよね。パソコン画面と私の顔が同時に送れるようになるといいんですが、1画面しか送れない。これまでは、声とか顔とかに注意したことはないけれど、遠隔をやってみてはじめて顔って大事なんだと思いました。そのメッセージがとても大切なんですね。
　加えて、相手側のパソコン画面は鮮明に映らないで、ぼやけているようですね。それから、白板の代わりに教材提示装置に書いてみたんですが、それはわかりにくいようです。
　今のシステムでは、遠隔はやりたくないですね。ハードウェアがうまく整ったら、たとえば、4画面になったらまたやりたい。少なくともパソコン画面と私の顔の両方が相手に送られるのであればまたやりたい。
　　（Y教員）

　N教員の意見は、講義の方は何とか現在のシステムでおこなうことは出来るが、課題研究（ゼミ形式の授業）については、双方向の意見交換をおこなうため、一方ですべてをコントロールするシステムでは難しいと述べていた。

　　講義の方は、ある程度このシステムで行うことが出来るが、課題研究（ゼミ形式の授業）はそこまで行っていない。やっぱり、議論が出来ないというか、議論しづらいという感じがありますね。対面の形での議論が出来ないため、深められない。未消化のまま終わってしまいます。オフラインのミーティングを入れないとまずいなと感じます。それと、お互いの資料を双方で提示できないのが問題ですね。（N教員）

　K教員は、学生の発表を中心におこなっているため、講義形式の授業

とは違う問題点を抱えていた。

> 一番困ったののが、プリントをその日に配ることが出来ないことです。1週間前までに用意すれば、事務がやってくれるのですが、実際忙しくてなかなかそうはいかない。プリントの枚数も一人10枚くらいあるんですが、結局自分でコピーして自分で市内キャンパスまで運ぶことになってしまいました。
> 私の授業はゼミのように学生が、順番に発表する形式をとりました。一人30分で、一回に3人の学生が発表します。発表の後で質疑応答があるのですが、なかなかうまくいかない場合が多い。（K教員）

　講義形式の授業は事前にプリントを作れば、標準モードを中心に授業を展開することが出来るが、双方で学生が発表をする場合は、質問モードでおこなうため細かな表示が出来なかったり、カメラの切り替えがスムーズにいかないことが多い。

3　遠隔教育のデザイン

　良いメディアを導入すれば、良い教育ができるわけではない。たとえば、教室での対面授業において、一方的な講義をしていたのでは、直接対面することの良さを生かすことはできない。一方、遠隔授業において、双方向のコミュニケーションを頻繁にとり入れれば、対面以上の効果をもたらすこともできる。つまり、メディアの特徴を理解して、その特徴に合わせた教育をおこなうことができるかどうかに、教育効果は強く影響されるということである。それは、単に教員がメディアを使えるか、

第6章　遠隔教育の学習環境デザイン

ということだけでなく、学生もメディアに合わせて学習姿勢を変える必要がある。つまり、教員と学生双方に「遠隔教育のリテラシー」が必要になってくる。それは、メディア特性に合わせて、適切な「教育方法」を導入することである。さらに、教員や学生が遠隔教育に参加し、学んでいくための力を身につけるために、「支援する体制」が必要になってくる。

遠隔教育のリテラシー

テレビやコンピュータなど、これまでのメディア比較研究の分析を試みたクラーク(Clark, 1984)は、「メディアそのものは、コンテンツを運ぶ媒体でしかなく、学習の効果には直接影響を与えるものではない」という結論を出している。たしかに、十分に準備された授業は、遠隔でおこなおうと、対面でおこなおうとその学習成果に大きな違いはないだろうと想像できる。しかし、教員へのインタビューでは、多忙のため授業の準備を十分することができないことが、遠隔教育をおこなう際の問題としてあげられていた。教員はまだ、遠隔教育で使われるメディアの特徴をつかみ、それに見合った対応をすることが、十分にできていないことがわかる。教員は、遠隔教育をするための必要な能力、つまり「遠隔教育のリテラシー」をまず身につける必要がある。それは高度なものではなく、遠隔教育を実践していく中で少しずつ会得していくべきものであり、むしろそのレベルを高めていこうという気持ちの方が大切である。たとえば、遠隔授業をおこなううえで、次のようなちょっとしたことに注意することで、学生との交流距離を縮めることができる。

① 講義をするときは、教員の顔が見えるように、あまり教材提示モードを長く使わない。
② そのためには、必要なプリントは事前に用意したりして、授業前に学生に届くようにしておく。
③ 学生からのフィードバックを受ける仕組みを作る。授業中に学生からの質問を受け付けるだけでなく、インターネットや紙などを使い、問題を感じた学生がすぐにコメントを伝えられるようにする。
④ 教員による説明中心の講義であっても、2，3度、遠隔教室にいる学生についても関心を持っている態度を見せる。たとえば、「声の大きさはどうですか」、「映像は適切に送られていますか」といった質問をする。つまり、双方向の授業をしているということを対面授業よりも意識的におこなう必要がある。

　このようなちょっとした注意を授業中に実践するだけで、対話性を増し、交流距離を縮めることが出来る点を理解し、実践することができればリテラシーも次第に向上していく。まず大切なことは、「教育目標を達成するためには、どのメディアを使ったら良いか」という、メディア選択の視点を持つことであり、効果的に活用しようとする態度である。
　そのためには、それぞれのメディアの特徴を知ることが大切である。メディアを介した遠隔教育には、さまざまなコミュニケーションのモードがある。たとえば、テレビ会議を使う場合、音声、動画の双方向のやり取りはできるが、対面と比べると交換できる情報量は著しく少ない

第6章　遠隔教育の学習環境デザイン

ことを理解する必要がある。

　テクノロジーの発展により、最近のコンピュータは使いやすくなってきた。インターネットにしても、数年前と比べると格段に便利で使いやすくなり、スイッチひとつで電子メールやブラウザを利用することができる。使いやすくなった道具は、道具を使っていることを意識させなくなる。「道具が透明になる」という表現は、まさに道具の操作を意識しなくても、道具を使いこなしている状態を指す。道具を使うのがちょうど手足を動かすのと同じくらいに自由に使えるようになると、「道具が身体化してきた」と表現したりする。コンピュータなどの道具（メディア）が透明になればなるほど、身体化してくればくるほど、道具を使う目的が明確に見えるようになる。つまり、道具（メディア）の向こう側にいる人間とのコミュニケーションの重要性が増してくる。道具（メディア）の使い方が透明になった分、メディアを通して相手とどのようにつながるかということが、意識化されてくるのだ。それは、道具とのコミュニケーションではなく、道具を介した人とのコミュニケーションである。そのとき、対面コミュニケーションで起こる問題と同様の問題と向き合わねばならなくなるだろう。自分の意見を相手に伝えるための力、相手の意見を受け取り、それを吟味する力、異文化の人と対話する力などの対人コミュニケーション能力がこの問題を解決するのに必要なリテラシーといえるだろう。

教育方法

　教える科目の性質にもよるが、遠隔教育において、交流距離を縮め、

教育効果を上げるためには、双方向のコミュニケーションを十分に持つ必要がある。知識伝達型の教育方法は、どうしても教員から学生への一方向のコミュニケーションとなり、学生は受け身的にならざるを得ない。学生自身が、積極的に授業に参加できるようになるためには、知識については事前に自習をして学んでもらい、授業中は質問の受付や、教員とだけでなく学生同士の話し合いを含めた議論を展開できることが望ましい。

　従来の大学教育では、対面型の教育においても、教員が一方的に話を進める講義スタイルが主流であり、議論を進める形での教育方法は、教員、学生ともに慣れていないともいえる。そのため、議論が深まらず、中途半端な形で終わってしまう場合も多い。しかし、より効果のある遠隔教育をめざすとするならば、教育方法を変えることに加え、教員、学生ともに教育に対する態度を「知識伝達型」から「問題解決型」に変えていく必要があるだろう。そのためには、自分の考えを明確に伝える「プレゼンテーション・スキル」や相手の考えを批判的に受け止め、深めていく「批判的思考力」を身につける必要がある。そのとき教員は、知識伝達型の「教える」役割から、学生の学習活動を支援する「うながす」役割に変わらねばならない。しかし、一人一人の教員や学生が自発的に代われるわけではなく、その変化を支援するシステム作りが重要となってくる。

支援体制

　遠隔授業での教員への負担は大きい。たとえば、授業中に機器の操作

第6章　遠隔教育の学習環境デザイン

と教育を一人の教員の責任でおこなうことは限界がある。それでは、授業時間前の準備や学生へのフィードバックを含め、質の高い教育を学生に保証していくことは出来ない。教員の教育活動を支援する体制を作ることが重要である。どのような支援体制が望ましいか、先進校に学ぶことができる。たとえば、長年遠隔教育をおこなってきたハワイ大学では、支援体制がしっかりとできている。キャンパスはいくつかの島に点在しているため、質の高い教育を提供するためには遠隔教育は必須である。キャンパス間は、マイクロ波回線で結ばれ、テレビ画像と同等の画質が双方向で確保できる。遠隔教育は2カ所以上のキャンパスをつないでおこなわれることが多いが、そのためのスタッフが配置されているため、教員は授業に集中することが出来る。教員のいるメインの局には、1名のディレクターと2名のビデオ・エンジニアが配置され、事前に回線がつながるかどうかを点検し、授業中にはカメラを操作し、円滑に授業が進むよう支援をしている。学生がいるサテライト教室にもビデオ・エンジニアが1名配置され、問題が起きればすぐに対処できるようになっている。ビデオ・エンジニアは大学生のアルバイトであるが、十分な訓練を受け、機器の操作にも習熟している。

　このようにハワイ大学では、遠隔教育を円滑に進めるための支援スタッフが配置されているだけでなく、ウェッブを利用した教育についても専属のスタッフが教員を支援する体制が作られ、テレビ会議をはじめさまざまなインターネットの機能を使い、教育に役立てるための手助けがおこなわれている。

　もちろん、アメリカのこのようなシステムをすぐに日本の大学に取り

入れられるようにするのは難しいが、現在のような教員一人でおこなう遠隔授業は考え直す必要があるだろう。少なくともカメラ操作の出来る学生アルバイトを、両方の教室に1名ずつ配置することが出来れば、これまでのテクノロジーの限界による多くの問題点は解決できるわけである。

　将来的には、遠隔教育のカメラ操作支援だけでなく、教員の教授能力向上に向けてのファカルティ・デベロプメント(Faculty Development)を実践できるセンター的なものが作られ、教員研修をはじめ、教育相談、教材開発を支援したり、学生に対して遠隔授業での心構えや学習方法などをガイダンスできるようになることが望ましいであろう。

第7章　リテラシー概念からとらえる『情報教育』

　2002年から新しい学習指導要領にそった初等、中等教育が始まる。「総合的学習」や「情報教育」など、新しい教育内容を導入する下地を作るために、教員対象の研修が計画されたり、学校内のネットワーク環境が整備されはじめた。しかし、多くの教師は、教育改革の実践に向けて、どのように新しい教育に取り組むべきか戸惑いを見せている。

　一般に、「情報社会で生活していくためには、情報を自在に取り扱えなければならない」といわれている。それでは、「情報教育」や「総合学習」において、どのようなリテラシーを育成していかなければならないのであろうか。単に、コンピュータの操作技術を身につけることが情報を活用することにはならないはずである。そこで、第7章では「情報」や「リテラシー」の概念を再吟味し、そこから得られた知見をもとに、これからの情報教育のあり方について検討する。

情報とは

　「情報」という言葉を定義することは、なかなか難しい。情報科学の専門の内容を記載した『岩波情報科学辞典』においても、「情報」という項目は取り上げられていない。「情報」という言葉は、様々な文脈の

なかで使われ、使われ方によって違った意味合いを持ったりする。そのため、定義づけようとしても包括的に規定することのできない難しさがあり、その言葉が使われている文脈を考慮することが大切である。

したがって、教育における「情報」という言葉を理解するには、教育改革のなかで語られる文脈を考慮する必要がある。たとえば、1997年の「情報化の進展に対応した初等中等教育における情報教育推進等に関する調査研究協力者会議」の報告では、「情報」について次のような記述がある。

> 「我々人間が日常的に行っている様々な活動の多くが、結局は、情報の交換や処理に他ならないことを考えれば、今後の社会においては、一人一人が情報を効率的に収集したり、入手した情報を最大限に活用できる方法を考え、実践できることがまず第一に必要となってくる。」

この文脈で語られる「情報」とは、コンピュータなどの情報機器を利用して得ることの出来る「情報」を念頭においているようだ。ここでの「情報」は、『もの』として取り扱われ、情報という『もの』をやり取りし、加工、発信するために、もっとも効率の良い方法を取り入れることが求められる。『もの』メタファを用いることで、情報は「つかむ」ことができる明確なものになる。私たちは、情報という『もの』を理解するために、それを分解し、部分、部分を明らかにして、科学的に記述しようとする。

『もの』メタファとしての情報教育では、学校を「工場」ととらえる。

第 7 章　リテラシー概念から捉える『情報教育』

　「工場」としての学校の使命は、質の高い製品（生徒）を効率良く出荷することにある。質の高い生徒をアウトプットするためには、教育課程を最適化するプロセスを開発し、質の高い労働力としての生徒を社会に送り出すことを目指す。そのために、めまぐるしく変化する社会に「あわせた」教育をめざす。

　そこでは生徒が効率的にデータを収集し、編集し、発信できるように、情報をデジタル化し、能率的に処理することを教える。つまり、コンピュータを使うことが前提となる情報教育である。具体的には、生徒が、インターネットや電子メールを駆使して情報を集め、表計算ソフトをはじめさまざまなアプリケーション・ソフトを使いこなし、マルチメディアを使ったプレゼンテーションをする、情報機器を「使いこなせる」人材の育成である。

　このような「情報教育」が導入されると、コンピュータを使いこなせない生徒は落ちこぼれ、社会の変化についていけない劣等生になってしまう。乗り遅れた生徒は「不良品」として、生産ラインからはじき出されてしまう。

　『もの』メタファとして情報が語られる文脈には、「急速な社会変化に追いついていける人材を育成しなければならない」という産業界の要請が見え隠れする。学校は、その要請にこたえるために、社会変化に「合わせる」教育をすることが求められている。しかし、「情報」とは、単にコンピュータ処理するためのデジタルデータだけでなく、多様な側面を持っていることを見落としてはならない。

リテラシーの三つの側面

　リテラシーとは本来「読み書きできる能力」のことをさすが、社会の変化に伴いその意味も拡大され、単に読み書き能力だけでなく、現代社会で生活していくために必要な能力と捉えられるようになった。「生きる力」としてのリテラシーは、単に社会の変化に対応できる力だけでなく、人間として幸せに生きていく力でもある。本来、リテラシー（識字）について語るとき、次の3つの側面からとらえられている(Bhola, 1988)。

① **機能的側面(Functional aspect)**：社会でより良く活動していくためには、読み書き能力が必要不可欠であり、社会活動に参加していくことのできる読み書きを学ぶ。
　　キーワード：より早く、効率的におこなう。社会の要請にマッチする。

② **教養的側面(Appreciative aspect)**：小説や詩などの文章を読んだり書いたりすることは、生活をするうえで大切な楽しみである。
　　キーワード：楽しむ、味わう。人生をじっくりと見つめる。

③ **批判的側面(Critical aspect)**：読み書きを学ぶことにより、世界を批判的に理解し、行動を起こす力を身につける。
　　キーワード：主体的読み手、社会を自ら変革していく力をつける（エンパワーメント）。

　これら三つの側面をみると、リテラシーとは、単に社会生活を効率的に営むために必要な能力としてだけでなく、人間として豊かに暮らすためのリテラシー、あるいは社会変革の担い手としてのリテラシーをも含む広い概念としてとらえることができることがわかる。

第7章 リテラシー概念から捉える『情報教育』

　しかしながら、新しい教育改革の文脈で語られるリテラシーは、急速に変化する社会に取り残されないために、あるいは情報社会で効率的に機器を使いこなすために、より早く物事を処理する能力ばかりが強調され、ほかの側面は十分に考慮されていない。

　したがって、「総合的学習」や「情報教育」においても、ここであげた3つの側面をバランス良く教えるべきであり、機能的側面ばかりに重点をおいた現状の教育方針は見直されるべきである。

落ちこぼれる教師

　「情報教育」とはコンピュータを使う教育であると理解すると、多くの教師は当惑してしまう。なぜならば、教師たちはコンピュータを「使いこなせない」のである。社会が大きく変化するなか、教師たちは従来の枠組みを固持してきた。とくに、教科を中心とした中等教育では、「情報」や「総合学習」という新しい科目のため、自分たちの教科の時間枠が縮小され、自分の担当教科の存在意義が危うくなる、と考えている教師は多い。

　一方、教師はコンピュータを使った教育をどのようにとり入れたら良いかわからない、という不安を抱えている。文部省の調査では、初等、中等教育においてコンピュータを使え、かつ教えることのできる教師は、26％しかいない。残りの教師は、教えることのできない落ちこぼれとみなされる。機能的側面を重視した情報教育は、生徒だけでなく、コンピュータを「使えない教師」も切り捨てていく。

　このように機能的側面を重視するならば、急速に変化する社会に柔軟

に対応できる人材を育成することが主要な目標となる。しかし、社会の急速な変化に対し、学校文化はそれほど柔軟に対応できていない。現実の学校の状況は、依然として保守的、伝統的であり、教師自身が社会の変化に柔軟ではない。そのため教師は従来型の教育方法から抜け出ることができず、生徒への対応が十分でないと非難される。たとえば、「学級崩壊」に関する文部省の調査でも、教師の柔軟性が欠けているという問題点が報告された。社会は大きく変化しており、企業はその変化に柔軟に対応していくために、組織構造そのものを変えようとしている。その流れのなかで会社員は、常にリストラや失業の危機にさらされ、ストレスが高まっている。一方、学校においては、いったん採用されれば、リストラされることもなく、教師として学校に残ることができる。結果として、新規採用は減り、40代の教員が増加した。そうなると、学校内に活気はなくなり、情報教育への対応も十分にされないままになってしまう。

　リテラシーの機能的側面ばかりが強調されると、このように生徒も教師も落ちこぼれていくことになる。

デジタル生活とアナログ生活

　そこで、リテラシーを本来の幅広い概念でとらえなおし、「情報教育」をより豊かな生活を目指すための教育を再構築する必要がある。機能的側面に加え、リテラシーの教養的、批判的側面を教育に取り入れる方策を検討したい。

　それには、情報社会における多様な生き方を見直すことから始めるべ

きである。もちろん、コンピュータを使う使わずにかかわらず、私たちはコンピュータ利用による便利さを享受している。身のまわりにはたくさんのコンピュータ・チップが存在し、私たちはそれに依存した生活を送っている。コンビニエンス・ストアでのショッピング、宅配便の依頼や受け取り、列車のチケットの予約などは、コンピュータや通信ネットワークに大きく依存している。このようなコンピュータに依存した生活をデジタル生活と呼ぼう。普段の私たちの生活は、コンピュータなしでは一時（いっとき）たりとも暮らせないデジタル生活である。しかし、私たちはデジタルに依存した生活を送っているというはっきりとした自覚なしに、便利な生活を送っている。このようなデジタル生活が始まったのは、ほんの数十年前のことである。それなのに私たちは、すでにコンピュータを使わないアナログ生活を考えられなくなってしまったのだろうか。

　動物である私たち人間は、まわりの生活が急速に変化しても、身体的リズムをそれほど変えることは出来ない。1日8時間の睡眠や3度の食事が必要なことは、情報社会においても変わりはない。そのような私たちは、メディアを通して世界を理解するだけでなく、身体を伴った活動を通してまわりの世界から直接的に情報を得ている。たとえば、山に登れば汗をかき、稜線に達すれば、谷からの風をさわやかに感じる。このような感覚は、メディアを介しては味会うことのできない感覚である。つまりこれは、デジタル生活のなかでは語ることのできないアナログ生活の部分である。

　確かに、急速に変化していく社会に対応するには、デジタル生活に効

率良く対応できる力をつけることが求められる。それが、新しい科目としての「情報教育」に求められる一つの目標である。しかし、メディアを介さないで生活する力は、情報社会で生きていくためのバックアップとしてだけでなく、豊かな生活を送るためには不可欠なものである。

多様化、複雑化する社会に対応するためにも、一方の生活に依存することなく、この二つの生活を使い分けて、生きていく力を身につけることが、真の意味で豊かな生活を送ることにつながる。

コンピュータばかりに依存していたのでは対処できない予測し得ない事態に遭遇したとき、アナログ生活は、威力を発揮する。たとえば、地震などの大災害が起きると情報インフラはたちまちにして破壊され、正常な状態に戻るまでに長い時間がかかったりする。幸いコンピュータの2000年問題では、大きな事故につながらなかったが、人間が作る以上、ソフトウェアの欠陥を完全に取り除くことはできない。コンピュータに依存している以上、予測のつかない事態が起きるのは防ぎえないことになる。そのような事態に対処するには、バックアップとしてのアナログ生活を送ることのできる力が必要になってくる。

リテラシーの教養的側面は、コンピュータを操作する楽しさだけでなく、自然の中で身体を動かし、身体全体で感じることのできる楽しさをも学ぶことでもある。そして自分の目的にあわせた生活スタイルを選び、生活を楽しむことのできる力を身につけることである。

また、リテラシーの批判的側面はデジタルとアナログ両方の長所と短所を見極め、それぞれの生活を相対的にとらえることで、自身の社会参加の方法を見つけ出す力を学び取ることである。それは、インターネッ

第7章　リテラシー概念から捉える『情報教育』

トで自分の主義主張をすることと、実際にボランティアなどの社会活動に参加し、身体の伴った充実感を味わうという両方を兼ね備えた力となる。

このようにリテラシーを三つの側面でとらえると、学校の授業でコンピュータを使いこなしていくことも大切であるが、コンピュータを使わなくても授業が出来ることが、同様に「情報教育」にとって大切であることがわかるだろう。とくに、生徒が、メディアを介さずに自分の身体で自己表現をし、相手の体にふれたり、ぶつかりあったりすることを通じて相互に理解していく過程を切り捨ててはならない。

情報教育の多様な方向性

情報社会とは、多様なライフスタイルを選択できる社会である。学校教育においてさまざまな生き方を学ぶためには、ひとつのライフスタイルに固執するのではなく、メディアを通した体験、人と人との体験、人と自然との体験など、多くの体験を通してこれからの生き方を学ぶ必要があるだろう。それは、デジタル生活の利便性と危険性、アナログ生活の実感と不便さなどを、実際に体験することで、さまざまな生活様式があることを実践的に学ぶことを情報教育に盛り込むことである。つまり、機能的側面だけを重視するのではなく、教養的側面、批判的側面をもとり入れた情報教育を実践することである。

機能的側面重視の情報教育では、情報機器の操作はできるようになっても、情報を批判的にとらえる力が弱くなる。その結果、インターネットから離れることのできないインターネット依存症になったり、メデ

ィアを介さないと人とのコミュニケーションが取れない生徒が育っていく（加藤、1999）。

　情報教育を技能としての操作技術だけでなく、生活を楽しむためのリテラシーを身につけるためのものととらえると、情報のもつ光と影をより的確につかみ取ることができる。たとえば、教養的、批判的側面からリテラシーをとらえる学習により、著作権、肖像権の問題、プライバシーの保護などを、単に知識として学ぶのでなく、自分の行動と結びつけて学ぶことができる。

　情報教育でこれら三つの側面をバランス良く取り上げることで、時には、必要に応じてメディアを使わないという意思決定をも下せる生徒を育成することができる。

　メディアを使わない選択は、メディアを拒否するのとは違う。拒否とは、すべてを否定する態度であり、メディアについての知識がないので使わないという姿勢である。それに対し、生徒が「使わない」という選択をすることができるのは、メディアの特徴を批判的に捉え、その長所と短所を把握しているからこそ、状況に応じた意思決定ができるわけである(McKibben, 1992)。

　このようにメディアを相対化してとらえることは、メディアの向こう側にいる相手とのコミュニケーションも相対化することである。メディア特性の理解と適切なコミュニケーション手段の選択は、対人コミュニケーションにはかかせない力である。

　メディアを「使いこなす」ための教育は、情報技術が発展するにしたがい、その必要性はなくなっていくだろう。最近では、コンピュータを

第7章 リテラシー概念から捉える『情報教育』

茶の間に置く家庭が多くなり、子どもたちは小さいときからコンピュータに接した暮らしをするようになってきた。そのような家庭の子どもたちは、テレビや電話と同じ感覚でコンピュータに接している。

そんな時代の「情報教育」は、メディア操作技術の習得を目指すのではなく、人とコミュニケーションをするためには、いつメディアを使い、いつ直接接するのが良いか、適切な判断を下せる生徒を育成することである。

あ と が き

　私の勤務する関西大学総合情報学部は、2000年で7年目を迎える新しい学部である。この学部では、セメスター制、学生による評価、学生アシスタントなどこれまでの大学教育であまりおこなわれてこなかった新しいやり方を導入してきた。1998年からは、大学院が開設され、多数の社会人が学生として入学し、学ぶことになった。このように総合情報学部では、新しい高等教育をめざして、さまざまな試みを実施し魅力ある大学作りすすめてきた。しかしながら、従来の学校システムの枠組みから脱皮して、魅力ある教育づくりを進めていくことは、困難な試みであり、試行錯誤の連続であることを感じる。従来の高等教育の枠組みから抜け出し、新しい教育を実践するのにはさまざまな障害が横たわっている。とくに長年、大学で教育研究に従事してきた教員にとっては、これまで歩んできた道をそう簡単に方向転換することはできないからである。

　本書で議論している「新しい学習環境」とは、構成主義パラダイムにもとづいた環境づくりをさしているが、従来の教育パラダイム(客観主義)との整合性がとれないため、すぐに解決しにくい問題を抱えていることも確かである。それは本書のなかでも述べたように、パラダイムを変えるということは、自らの生き方そのものをその根本からとらえなおす作業が必要だからである。

　パラダイムとの関わりは、自分の生きてきた道筋と強く関係していることを感じる。私は、大学卒業後、地方の高校教師として7年間教鞭をとった後、青年海外協力隊に参加し、フィリピンの大学で理科担当の教員として、2年間物理を教えてきた。フィリピンで仕事をしていたとき、もっと勉強を重ねる必要を痛感し、34歳の時にアメリカの大学院に入った。中西部にあるインディアナ大学で教育システム工学について学び始めたときは、新しい知識を

吸収するのに必死であった。次第に、勉強にもなれ、教育工学の理論を一通り理解できるようになると、どうも私の学びたい教育学と違うのではないか、という疑問が頭をもたげてきた。80年代当時、大学院で私が教わった教育理論は、スキナーの行動主義の流れを汲んだものが主流であり、合理主義、客観主義的な視点に立ったものであった。それらの理論を学んでいくことに対するある種の居心地の悪さを感じていた。そんなときに出会ったのが、ボーラ（Bhola, H.）教授とグーバ(Guba, H.)教授であった。ボーラ教授は、ターバンをいつも巻いているインド人シーク教徒である。成人教育、識字教育が専門で彼の講義を受けたときは、これまでの授業になかった新鮮さを感じた。西欧の発想ではない、第三世界からの視点がいつもあった。グーバ教授からは、研究方法論を学んだ。もともと量的研究においても大きな業績を残した教授であるが、自分の理論を真摯に見なおす作業を進めていくなかで、質的研究の重要性を認識し、質的研究の普及に向けて理論構築を進めているときであった。そんなときに彼の講義を受講できたことは、幸運であった。アメリカの教育工学が主流のパラダイムを推し進めていたなかで、二人の教授に出会い、自分の納得できる視点で学ぶことができたことは、大きな糧となったと感じている。

　1986年に修士を終え、日本で3年間仕事をした後、1989年に再び博士過程の学生としてインディアナ大学で学ぶことになった。大学での講義を受けて驚いたことは、修士課程を学んだ時と比べると、構成主義パラダイムが大きくその地位を確保していたことである。構成主義は、流行語のように学生の間で語られ、構成主義の教育実践についてさまざまな試みがなされていた。私自身も、視聴覚センターの研究員としてプロジェクトに参加し、シュワン（Schwen, T.）教授、カニングハム(Cunningham, D.)教授、ダッフィー(Duffy, T.)教授らと一緒に研究を進めた。このときは、あまりにも安易に

構成主義が語られ、これが教育工学における構成主義の学習理論なのだろうか、逆に疑問を持ったものである。教育工学におけるこのような流行をよそに、研究方法論においてシュワント（Schwandt, T.）教授のもとで研究会を持ちじっくりと議論する機会を得たことで、教育における構成主義の必要性を実感することができた。

　1992年から日本の大学で教鞭をとるようになってからは、どのように構成主義の考えを取り入れた教育実践をおこなっていくべきか、ということが私の課題となってきた。日本においても構成主義が次第に認知されてくるようになり、これからは研究や教育活動の実践にどのように取り入れて活動を進めていくべきかが問われている。

　その意味で、本書は私が関西大学で活動をするようになって以来の私の活動の節目として、まとめたものである。日本においても構成主義は、一種の流行としてマルチメディアを活用した学習の手法としてとり入れられているように感じる。しかし、何度も述べているように、構成主義は単なる手法ではなく、これからの教育のありよう全体に大きな影響を与えるしっかりとした土台として、構築していくべきものである。

　21世紀において社会は、ポスト近代へむけて大きく移行する時期である。それは、単に、文学や哲学の世界だけでなく、社会制度の隅々に至るまで移行していくだろう。しかし、この変化はただ待っていたのでは、自動的に起こるものではない。私たちひとりひとりが、それぞれの領域で責任をもち、その役割を認識して、社会のなかに関わっていく行動をとったときに、大きな変化が起きる。教育における構成主義も同様であると思う。

＊

　本書を出版するにあたり、多くの方々に支援をいただいた。

まず、いくつかの研究助成を受けることができ、研究を継続して進めることができた。関西大学重点領域研究をはじめ、科研「マルチメディアリテラシー育成方法の検討」(代表：水越敏行)、「情報教育におけるカリキュラムとコンテンツ開発に関する実証的研究」(代表：久保田賢一)から支援を受けることができ、他大学の先生方や大学院の学生たちと協同で研究を進めることができた。メディア教育開発センターの研究プロジェクト「教員のメディア活用能力を向上させるための研修プログラムの研究開発」(代表：佐賀啓男)にも参加させていただき、分野の違う方々との意見交換ができ大きな刺激となった。

　新しく始まった大学院プロジェクトでは、水越敏行教授と竹内理助教授とのティームティーチングが、これまでにない新鮮な教育方法であると感じている。専門領域、関心領域の違いが、これまで自分自身で見落としてきた部分を見つめなおす機会を与えてくれた。

　関西大学からは出版助成をいただくことができ、本書を出版することができた。出版部の熊博毅氏には、締め切り間際の編集作業をお願いして、ご迷惑をおかけした。

　最後に、関西大学学生、岸磨貴子さんには、図表や索引を作成してもらったり、写真を取ってもらったり、作成にあたり世話になった。そして、妻、真弓にはいつもながら何度も校正をしてもらった。関係者一同に感謝したい。

2000年2月

参考文献

A．トフラー　『第三の波』中央公論新社．1980年

H.G．ファース　『ピアジェ理論と子どもの世界：子どもが理解する大人の社会』
　　　　　　　北王路書房　1988年

J．デューイ　『学校と社会』講談社学術文庫　1998年

稲垣佳世子、波多野誼余夫『人はいかに学ぶか：日常認知の世界』．中公新書．1989
　　　　　年

加藤潤　『マルチメディアと教育』　玉川大学出版部　1999年

久保田賢一『教授・学習理論の哲学的前提：パラダイム論の視点から』　日本教育
　　　　　工学雑誌Vol.18，No.3/4：219-231．1995年

佐伯胖、汐見稔幸、佐藤学（編）『学校の再生をめざして』．東大出版会．1992年

佐伯胖　『「学ぶ」ということの意味』岩波書店．1995年

佐伯胖、藤田、佐藤　編『シリーズ学びと文化：学びへの誘い』東京大学出版会
　　　　　1995年

鈴木克明　『Webサイトにみる1998年現在の「ミミ号の冒険」』　教育メディア研
　　　　　究，Vol 5，No.1，39-50．1998年

長尾　真ほか　『岩波情報科学辞典』　岩波書店　1990年

山内祐平『教育工学と質的研究法』　1996年日本教育工学会第12回大会講演論文集
　　　　　p239-240．1996年

水越敏行『メディアが開く新しい教育』学習研究社　1994年

菅井勝雄『教育の方法と技術の基礎理論』　教育技術研究会（編）　『教育の方法
　　　　　と技術』．ぎょうせい．1993年

大谷尚『質的アプローチが教育工学において目指すもの』　1995年日本教育工学会
　　　　　第11回大会講演論文集　p11-14．1995年

大谷尚『学校教育におけるコンピュータ利用の特質、問題、課題の解明を目的とす
　　　　　る質的観察研究』　1996年日本教育工学会第12回大会講演論文集
　　　　　p237-238．1996年

大島聡　ほか『パソコンを含みこんだ生活環境が子どもたちの学習行動に与える影響に関する事例研究：研究の基本的視点』　1996年日本教育工学会第12回大会講演論文集　p573-574．1996年

田口三奈　『構成主義に基づく研究方法論と教育工学』　日本教育工学雑誌Vol.18, No.2：p79-85．1995年

下村哲夫　『新しい学力観ですすめる学校経営』　総合教育技術，11月号，16-19．1994年

Bayer, A. S. (1990). *Collaborative-apprenticeship learning*. Mountain View, CA: Mayfield Publishing Company.

Bhola, H.S. (1988) *World trend and issues in adult education*. Paris: UNESCO. （岩橋恵子、猪飼恵美子　訳『国際成人教育論』東信堂　1997年）

Bloom, B. (1976). *Human characteristics and school learning*. New York: McGraw-Hill.

Briggs, L. (1982). Instructional design: Present strengths and limitations, and a view of the future. *Educational Technology*, 22(10), 18-23.

Brown, J.S., Collins, A., & Duguid, P. (1989). Situated cognition and the culture of learning. *Educational Researcher*, 18, 32-42.

Bruffee, K. A. (1984). *Collaborative learning and the "conversation of mankind."* College English, 46(7), 635-652.

Bruffee, K. A. (1986). *Social construction, language, and the authority of knowledge: A bibliographical essay*. College English, 48(8), 773-790.

Burr, V (1995). *An introduction to social constructionism* （田中一彦　訳『社会的構築主義への招待』　川島書店1997年）

Burrell, G., & Morgan, G. (1979). *Sociological paradigms and organizational analysis.* Portsmouth, New Hampshire: Heinemann.

Caroll, J. M. (1990). *The nurnberg funnel: Designing minimalist instruction for practical computer skill.* Cambridge, Massachusetts: The MIT Press.

Carr, W. & Kemmis, S. (1983). *Becoming critical: Education, knowledge and action research.* Deakin University.

Clark, R. E. (1983). Reconsidering research on learning from media. *Review of Educational Research,* 53(4), 445-459

Collins, A., Brown, J. S., & Newman, S. (1989). Cognitive Apprenticeship: Teaching Craft of Reading, Writing, and Mathematics. In L. B. Resnick (Eds.), *Cognition and Instruction: issues and agendas.* Hillsdale, NJ: Lawrence Erlbaum Associates.

Cook, T. D., & Cambell, D. T. (1979). *Quasi-experimentation: Design and analysis issues for field settings.* Chicago: Rand McNally.

Cunningham, D., Duffy, T. M., & Knuth, R. (1993). Textbook of the future. In C. McKnight(Ed.), *Hypertext: A psychological perspective.* London: Ellis Horwood Publishing.

Duffy, T. M., & Jonassen, D. H. (Ed.). (1992). *Constructivism and the technology of instruction: A conversation.* Hillsdale, NJ: Lawrence Erlbaum Associates, Publishers.

Elliot, W. E. & Peshkin, A. (1990). *Qualitative inquiry in education: The continuing deabate.* New York: Teacher College Press.

Fosnot C, T. (1996). *Constructivism: Theory, perspectives, and practice.* New York: Teachers College Press.

Furth, H. S. (1980). *The world of grown-ups: Children's conceptions of society.* Elsevier North Holland Inc. (加藤泰彦・北川歳昭　編訳　『ピアジェ理論と子どもの世界：子どもが理解する大人の社会』北大路書房、1988年)

Gagne, R., & Briggs, L. (1979). *Principles of instructional design (Second edition)*. New York: Holt, Rinehart and Winston.

Gardner, H. (1983). *Frame of minds: The theory of multiple intelligence*. New York: Basic Books.

Gargen, K. J. (1985). The social constructionist movement in morden psychology. *American psychologist*, 40: 266-275.

Geertz, C. (1973). *The interpretation of cultures*. New York: Basic Books.

Goleman, D. (1995). *Emotional Intelligence*. Brockman, Inc. (土屋京子訳『EQ, こころの知能指数』、講談社 1996年)

Goodman, N. (1984). *Of mind and other matters*. Cambridge, MA: Harvard University Press.

Guba, E. (1987). What have we learned about naturalistic evaluation? *Evaluation Practice*, 8, 23-43.

Guba, E. (Ed.). (1990). *The paradigm dialog*. Newbury Park:Sage Publications.

Guba, E., & Lincoln, Y. (1989). *Fourth generation evaluation*. Newbury Park: Sage Publication.

Hall, A. D. (1962). *A methodology for systems engineering*. Princeton, NJ: Van Nostrand.

Hammersley, M., & Atkinson, P. (1983). *Ethnography: Principles in practice*. London: Routledge.

Johnson, M. (1987). *The body in the mind*. Chicago: University of Chicago Press.

Jonassen, D. H. (1991a). Evaluating constructivistic learning. *ET*, 31(9), 28-33.

Jonassen, D. H. (1991b). Objectivism versus constructivism: Do we need a new philosophical paradigm? *ETR&D*, 39(3), 5-14.

Kubota, K. (1991). *Developing an alternative learning environment: A constructivist view*. Bloomington: Indiana University.

Kuhn, T. S. (1962). *The Structure of scientific revolution*. Chicago: The University of Chicago Press.

Larochelle, M., Bednarz, N., & GarrIson, J. (eds.). (1998). *Constructivism and education*. Cambridge; Cambridge university Press.

Lave, J. & Wenger, E. (1991). *Situated learning: Legitimate peripheral participation*. Cambridge University Press. (佐伯胖監訳『状況に埋め込まれた学習：正統的周辺参加』産業図書 1993年)

Lave, J. (1988). *Cognition in practice*. Cambridge, England: Cambridge University Press.

Lebow, D. (1993). Constructivist values for instructional systems design: Five principles toward a new mindset. *ETR&D*, 41(3), 4-16.

Lincoln, Y. S., & Guba, E. G. (1985). *Naturalistic inquiry*. Beverly Hills: Sage Publications.

McIsaac, M. S. (1993). Economic, political and social considerations in the use of global computer-based distance education. In R. Muffoletto & N. Knupfer (eds.). *Computer in education: social, political, and historical perspectives*. 219-232. Cresskill, NJ: Hampton.

McIssac, M. S. & Gunawardena, C. N. (1996). Distance education. In Jonassen, D. H. (ed.). *Handbook of research for educational communications and technology*. New York: Macmillan.

McKibben, B. (1992). *The age of missing information*. Plume (高橋早苗訳『情報喪失の時代』 河出書房新社 1994年)

Merriam, S. B. (1988). *Case study research in education: A qualitative approach*. San Francisco: Jossey-Bass Publishers.

Merrill, M. D. (1983). Component display theory. In C. M. Reigeluth (Eds.), *Instructional-design theories and models: An overview of their current status* Hillsdale, NJ: Lawrence Erlbaum Associates, Publishers.

Moore, M.G. (1989). The three types of interaction. *The American Journal of Distance Education.* 3(2), 1-6.

Moore, M.G. (1990). Recent contribution to the theory of distance education. *Open Learning* 5(3), 10-15.

Moore, M. G. (1993). Is teaching like flying? A total systems view of distance education. *American Journal of Distance Education.* 7(1), 1-10.

Papert, S. (1987). Computer criticism vs. technocentric thinking. *Educational Researcher,* 16(1), 22-30.

Piaget, J. (1970). *Structuralism.* New York: Basic Books.

Reason, P. (Ed.). (1988). *Human inquiry in action: Developments in new paradigm research.* London: Sage publications.

Reason, P., & Rowan, J. (1981). Issues of validity in new paradigm research. In P. Reason & J. Rowan (Eds.), *Human inquiry: A sourcebook of new paradigm research* New York: John Willy & Sons.

Reigeluth, C. M. (1989). Education technology at the crossroad: New mindsets and new directions: *ETR&D,* 36(1), 67-80

Resnick, L. B. (Ed.). (1989). *Cognition and instruction: Issues and agendas.* Hillsdale, NJ: Lawrence Erlbaum Associates.

Rogoff, B., & Lave, J. (Eds.). (1984). *Everyday cognition: Its development in social context.* Harvard : Harvard Univ Press.

Savery, J.R. & Duffy, T.M. (1996). Problem based learning: instructional model and its constructivist framework. In B. G. Wilson(ed.). (1996). *Constructivist learning environments: Case studies in instructional design.* Englewood Cliff, NJ: Educational Technology Publications.

Schon, D. A. (1983). *Reflective practitioner: How professionals think in action.* New York; Basic Book, Inc.

Schon, D. A. (1987). *Educating the reflective practitioner.* San Francisco: Jossey-Bass Publishers.

Schwartz, P., & Ogilvy, J. (1979). *The emergent paradigm: Changing patterns of thought and belief.* Menlo Park, CA: SRI International.

Shale, D. (1990). Toward reconceptualization of distance education. In M. G.Moore (ed.). *Contemporary issues in American distance education.* 333-343. Oxford, England: Pergamon.

Short. J. et al. (1976). *The social psychology of telecommunication.* London: Wiley.

Spiro, R.,Feltovich, P.,Jacobson, M., & Coulson, R. (1991). Cognitive flexibility, constructivism, and hypertext: Random access instruction for advanced knowledge acquisition in ill-structured domains. *Educational Technology,* 31(5), 24-33.

Spradley, J. P. (1980). *Participant observation.* Fort Worth: Holet, Rinehart and Winston, Inc.

Steffe, L. P. & Gale, J. (Eds.). (1995). *Constructivism in education.* Hillsdale, N.J.: Lawrence Erlbaum Assopciates, Publishers.

Streibel, M. J. (1991). Instructional plans and situated learning: The challenge of Suchman's theory of situated action for instructional designers and instructional systems. In G. J. Anglin (Eds.), *Instructional technology: Past, present, and future.* Englewood, CO: Libraries Unlimited, Inc.

Vygotsky, L. (1978). *Mind in scoiety: The development of higher psychological process.* Cambridge, MA: Harverd University Press.

Walker, R. (1980). The conduct of educational case studies: Ethics, theory and procedures. In W. B. Dckerell & D. Hmilton (Eds.),

Rethinking educational research London: Hodder & Stoughton.

Wilson, B. G. (ed.). (1996). *Constructivist learning environments: Case studies in instructional design.* Englewood Cliff, N.J.: Educational Technology Publications.

Wilson, S. (1979). Explorations of the usefulness of case study evaluations. *Evaluation Quarterly,* 3, 446-459.

Wolcott, H. F. (1990). *Writing up qualitative research.* Newbury Park: S-AGE.

索　　引

アルファベット
ＥＱ，57-58
ＩＱ至上主義，57
ＩＳＤ，34-36
ＪＩＣＡ沖縄国際センター，109
ＺＰＤ，53-54

あ
アクションリサーチ，94，119，144
新しい学び，8，10-11，99
移転性，88
インターネット，97，110，122
インターネット活動，98
インターネットの活用，8
インターネットのツール，121
ウェブページ，122
遠隔教育，133-141，144-145，147，152-154，156-162
遠隔教育システム，144
落ちこぼれる教師，167

か
外的妥当性，81-83，88
学習環境，1，11，14，64-65，67，69-71，97-99，119，122，131-134
学習効果，22-23，26，33-34，45，49，81，82，138-139
確証性，89
課題の設定，125
機能的側面，166
客観主義，11，14-15，17，21-22，25-29，31，33-34，36，39-43，45，49，51，56，58，60，73-76，80，83，85，90

客観性, 83
教育システム, 1, 4-5, 8, 25, 140-141, 144-145, 147, 154
教育方法, 21, 95, 99, 133, 152-153, 157, 159-160, 168
教育理論, 13-15, 19-21, 25-28, 31, 33-34, 39, 43-46, 49, 51, 74-76, 98, 136
教授方法, 13, 24-25, 28-29, 32-34, 45-46, 146
協同学習, 14, 45-46, 54
教養的側面, 166
均衡化モデル, 52
グループ分け, 127
工業社会, 2
構成主義, 1, 11, 14-15, 21, 27-31, 33-35, 38-40, 42-43, 45-46, 49-52, 56-57, 63-65, 69-71, 73-76, 80, 85, 94, 98, 119, 132
交流活動, 101
交流距離, 137
コネチカット州立大学, 114
コミュニケーション, 6, 8-10, 36-37, 44, 46, 55, 61, 64, 68, 97-100, 102-108, 111-112, 115-116, 118-121, 124-128, 130-135, 137, 139, 147, 151-153, 156, 158-160, 172-173
コンピュータ・リテラシー, 120-121

さ

札幌学院大学, 103
時期と期間, 124
システムズアプローチ, 24, 26, 34-35
実践的知識, 59
質的研究, 11, 73-76, 78-80, 84-86, 88-94, 96
使用言語, 126
肖像権の問題, 172
情報, 163
情報教育, 163-165, 167-168, 170-173

情報社会, 1-3, 5-7, 10, 163, 167-171
信憑性, 89
信用性, 86
信頼性, 83
再生産労働, 2
生産労働, 2
存在論, 40-42
存在論的疑問, 40

た
第三の波, 1, 3-4
対話性, 138
多様な評価, 94
知識伝達型, 160
著作権, 172
デジタル生活, 168-169, 171
デジタル通信技術, 1, 8
哲学的前提, 13, 40-44, 46, 75-76
投稿論文の条件, 80
トフラー, 1, 3, 6

な
内省的実践家, 58
内的妥当性, 81-83, 86
人間論, 40-42
人間論的疑問, 40
認識論, 40-42
認識論的疑問, 40
認知的柔軟性理論, 14
認知的徒弟制学習, 14, 33
農耕社会, 2

は

発達の最近接領域, 53
パラダイム論, 11, 15, 19-21, 31, 33, 35-37, 39-40, 46, 74
ハワイ大学, 102, 110
ピアジェの理論, 50, 52
ビデオ会議, 8, 101-102, 110, 117, 121
批判的側面, 166
プライバシーの保護, 172
プロジェクト・チーム, 3
文化・社会的状況, 138
分散された認知, 60
方法論, 11, 15, 27, 40-43, 51, 64, 66, 73-76, 85, 90
方法論的疑問, 40

ま

学びの共同体, 10, 61-62, 69, 130
マルチメディア, 1, 8-11, 13, 64, 66, 145, 165, 174
メーリングリスト, 100, 108, 120, 128
メキシコ・モンテレー工科大学, 116
メディアリテラシー, 11
模倣, 53-54
問題意識, 66, 112, 144
問題解決型, 160
問題解決的思考, 55

や

有意味な経験, 55
要素提示理論, 24

ら

ライフ・スタイル, 2

リテラシー, 107, 121, 157-159, 163, 166-168, 170-172
量的研究, 73- 81, 84- 86, 88- 91, 94, 96
倫理, 91
倫理問題, 91, 93

初出一覧

・『情報社会における教育を考える』書評　通巻109号、pp. 42-49　1996年
・『教授・学習理論の哲学的前提：　パラダイム論の視点から』日本教育工学雑誌18巻3/4号 pp. 219-231、1995年
・『質的研究の評価基準に関する一考察：パラダイム論からみた研究評価の視点』日本教育工学雑誌21（3）163-173．1997年
・『インターネット・コミュニケーションと「新しい学び」：インターネット学習環境のデザイン』関西大学重点領域研究：情報・メディア・ネットワーク研究報告書、14-37、1997年
・『遠隔教育における教員支援と学習環境デザイン』高等教育におけるメディア活用と教員の教授能力開発　3．メディア活用の展開と教員支援　メディア教育開発センター研究報告9号、93-109、1999年
・『リテラシー概念から捉える「情報教育」』　日本教育メディア学会第6回大会発表論文集、51-53　1999年

著者紹介
久保田　賢一

略歴
1949年生まれ
インディアナ大学大学院教育システム工学研究科修了 (Ph.D.)
高校教員、国際協力専門家などを経て関西大学 総合情報学部教授
現在　関西大学 名誉教授、NPO法人 学習創造フォーラム 代表
専門　学習環境デザイン、国際教育開発

主な著書
『関係の世界へ：危機に瀕する私たちが生きのびる方法』ケネス・J・ガーゲン（著）、東村知子、鮫島輝美、久保田賢一（訳）（ナカニシヤ出版、2023）
『過疎地の特性を活かす創造的教育：美山町（京都府）のケースを中心に』村田翼夫、山口満（編著）（東信堂、2023）　久保田賢一「第3章担当　京都・久多で田舎暮らしを学ぶ：山里での教育の可能性」
『途上国の学びを拓く：対話で生み出す教育開発の可能性』久保田賢一（編著）（明石書店、2021）
『大学のゼミから広がるキャリア：構成主義に基づく「自分探し」の学習環境デザイン』久保田賢一（監修）、山本良太、岩﨑千晶、岸磨貴子（編著）（北大路書房、2020）
『主体的・対話的で深い学びの環境とICT：アクティブ・ラーニングによる資質・能力の育成』久保田賢一、今野貴之（編著）（東信堂、2018）

電子メール　kubota@kansai-u.ac.jp

構成主義パラダイムと学習環境デザイン

2000年3月31日　第1刷発行
2024年3月31日　第8刷発行

著者　久保田　賢一
発行所　関西大学出版部
〒564-8680　大阪府吹田市山手町3-3-35
電話　06(6368)1121／FAX 06(6389)5162

印刷所　株式会社 遊文舎
〒532-0012　大阪市淀川区木川東4-17-31

©2000 Kenichi KUBOTA　　　　Printed in Japan

ISBN 978-4-87354-308-6 C3037　　落丁・乱丁はお取替えいたします。

JCOPY 〈出版者著作権管理機構 委託出版物〉
本書の無断複製は著作権法上での例外を除き禁じられています。複製される場合は、そのつど事前に、出版者著作権管理機構（電話 03-5244-5088、FAX 03-5244-5089、e-mail: info@jcopy.or.jp）の許諾を得てください。